心一堂當代術數文庫 占筮類

象數易——六爻透視：財股兩望

財股兩望

愚人 著

書名：象數易─六爻透視：財股兩望
系列：心一堂當代術數文庫 • 占筮類
愚人　著
責任編輯：陳劍聰

出版：　心一堂有限公司
地址/門市：香港九龍旺角西洋菜南街5號好望角大廈1003室
電話號碼：(852) 6715-0840
網址：www.sunyata.cc publish.sunyata.cc
電郵：sunyatabook@gmail.com
網上書店：http://book.sunyata.cc

香港及海外發行：香港聯合書刊物流有限公司
香港新界大埔汀麗路36號中華商務印刷大廈3樓
電話號碼：(852)2150-2100
傳真號碼：(852)2407-3062
電郵：info@suplogistics.com.hk

台灣發行：秀威資訊科技股份有限公司
地址：台灣台北市內湖區瑞光路七十六卷六十五號一樓
電話號碼：+886-2-2796-3638
傳真號碼：+886-2-2796-1377
網絡書店：www.bodbooks.com.tw
心一堂台灣國家書店讀者服務中心：
地址：台灣台北市中山區二0九號1樓
電話號碼：+886-2-2518-0207
傳真號碼：+886-2-2518-0778
網址：www.govbooks.com.tw

中國大陸發行 零售：心一堂
深圳流通處：中國深圳羅湖立新路六號東門博雅負一層零零八號
電話號碼：(86)0755-82224934
北京流通處：中國北京東城區雍和宮大街四十號
心一堂官方淘寶流通處：http://sunyatacc.taobao.com/

版次：二零一七年十月初版

平裝

定價：港幣　　一佰四十八元正
　　　新台幣　五佰九十八元正

國際書號　978-988-8317-82-0

目錄

序

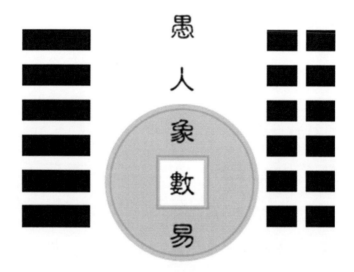

序一

不經不覺，杜老師已經出了第四本易卦系列的書籍。我亦不經不覺跟隨老師門下三年了，真是獲益良多！難得的是杜老師從不吝嗇，將經驗、知識和卦理一一細心傳授，實在難得！筆者曾跟隨不少師傅學習不同術數，他們總是留有一手，永遠有借口推卻我的提問，藉此把課程拖長，令人氣憤！

三年學習過程中，了解到杜老師的教授是很有系統的。當學生提出問題時，他樂意解答；遇上卦例超出學生水平時，他會先將卦象演繹一次，讓學生知道關鍵，實在令我佩服不已！

有幸優先拜讀老師新作，第一個感覺是內容充實，分析更上層樓，使人視野增廣不少！書中提及的十二地支和五行運用，如能貫通，可鉅細無遺地解讀卦象。表面看似簡單，當你明白杜老師的系統編排時，不自覺地提升了自己的解卦能力！

杜老師提倡把十二地支分成三組，分別為「子午卯酉」、「寅申巳亥」和「辰戌丑未」。藉此，能道出男女雙方在感情上的互動和取向；能了解當事人的財政和賺錢能力。有關事情發展的快與慢，過程暢順或困阻都有分析，確令讀者大開眼界。

杜老師經常說懂得卜卦未算好，要懂得用卦才有意思！希望讀者讀完此書後，對易卦有新的體會。

學生翔

序二

易經卦理高深莫測，當中門派之多尤如恆河沙數。要在那十二個地支的組合中，解讀世間萬事萬物，實在談何容易！

機緣巧合之下，在朋友的引薦下認識杜老師，知道他鑽研易卦多年，並出版了多本關於「象數易」書籍，詳盡講解卦象當中的關鍵。拜讀完第一本《象數易入門及推斷技巧》之後，我已被其淺白內容及精闢獨到的見解所吸引，對易卦產生了一股莫名的求知慾。

根據杜老師書中所言，原來易卦已不再停留在古時的學說上。因此，他筆下的「象數易」能做到與時並進，對日常生活、求職進修及做人處世等不同範疇，有着顯著的幫助。

在千呼萬喚之下，杜老師的新書終於面世，顧名思義，他在書中除了探討財運外，還會透露如何分析金融市場，如何預測「恆生指數」。對此有興趣的人士，確實是一大喜訊！談到「恆生指數」的預測，其實杜老師在其成立的網站內，一直有用易卦推算每星期的走勢，相信網站上的粉絲們對此一定不會感到陌生了。

作為學生、粉絲及讀者，從他的教學態度和多本著作中，我深深地體會到他對「象數易」的熱誠和得天獨厚的天賦，希望他會出版更多書籍，對「象數易」的發展有更大的貢獻！

學生民信

自序

不少人認為，每個人的背後，都有一隻無形之手，掌控他們的人生去向，無論他們怎樣努力，都擺脫不了這條命運軌跡。也許，它就是一般人所說的「宿命」。

「宿命」兩字，在筆者的字典裡，並不存在。為什麼這樣說？在我成長的年代，低下階層的人，可憑著自己的努力，爭取成績，突破界限，向上流動，脫離貧窮，建立個人事業。如果「宿命」一詞成立，窮人要在窮人的軌跡內行走，富人要在富人的軌跡上活動，大家互不相干，哪何來有脫貧這回事呢？

筆者不信「宿命」，但是回望走過的大半生，有件事真的令我百思不得其解！自投身社會後，每份工作做三數年後便無奈地辭職，每次離開的原因，皆與人事問題有關。離開後，客戶總會找上來，要求繼續合作，所以，超過三分二時間，我都是活在自僱的形式下，更妙的是，每次變動，總會碰上一兩個機會，賺到點錢，但再經營下去，又會遇上問題，將大部分賺回來的金錢蝕掉。歷史在不斷重覆，每次慘痛的經歷，都將我的雄心打破，也將我的意志摧毀，更將我的夢想幻滅。最終，憑着一股求生的信念，捱過每段黑暗歲月，重新站起來，迎接新的挑戰。過程中，那種錐心入骨的滋味，沒法用筆墨來形容，也不期待旁人理解和明白！

我不信「宿命」，但我相信「命運軌跡」的說法。每個人的命途上，都佈滿了數不清的十字路口。東西南北，你會選擇哪

一方前行呢？外人當然沒法得知。但是我可以肯定，你此刻的決定，對往後的際遇，可能起了天淵之別的變化。你可能成為富甲一方的富豪，也可能淪為足襟見肘的窮人，因此，如是說這是「宿命」，倒不如說這是「選擇」。一個「選擇」，一種「際遇」，或許，最終成為一生的「烙印」。活著的人生，其實就是俯拾「選擇」造成的碎片！

當年的我，已預測到錢財破散，在惡運來臨前，作好準備，將損失減至最低，假使當日不明白進退之道，冒險犯進，往後發展，可能已不一樣了，我的下半生，也可能要改寫。正因如此，近年我積極推動易卦，除了將六爻的古義更新外，也希望有緣人，能藉著易卦的啓示，趨吉避凶，改善人生際遇，活得平穩自在！

愚人

乙未年十月

前言

　　「人為財死，鳥為食亡」，這是自然定律，還是人性貪婪，有時很難界定。不過，我可以大膽講一句，大部分人對財富的追求，是永無止境的。何解？探其因由，是人類潛藏的貪婪本性使然。不論你生於貧窮之家，還是長於富裕豪門，金錢財富，同樣重要。富裕者，期望擁有更多，令自己或家人的享樂，得到保證，甚至可更進一步；貧窮者，金錢不但令他們活得溫飽，還可以改善他們的生活質素，免於為生計而日夜奔勞，致使金錢在他們的心中，比任何東西都重要。

　　不論富者或貧人，大部份人的視焦，永遠離不開那個閃爍的金錢符號「＄」，事實上，他們的想法和行徑，只會用金錢的多寡來衡量，所以，高薪厚祿的職業或高回報的投資，都是他們鎖定的目標。當目標確立，便一窩蜂朝着這方向衝，他們根本沒有想到，盲目的行動，可能會跌入一個無底深淵，令錢財散盡，最終一無所有！回看2008年的金融海嘯，它所帶來的禍害，可見一斑。

　　許多時候，人的貪婪，往往由賺取第一個錢幣開始。當慾望澎漲，人貪婪的心，更見熾熱。得到了一個錢幣後，便想多要一個，或希望得到更多更多，在慾望的驅使下，心底便生產一股動力，一股奪取財富的動力，而動力的背後，又會牽動著一連串的陰謀詭計及欺詐手段。結局如何？是誰爭得多，是誰爭得少，未到最後一步，還是未知之數！

象數易以六爻為主軸，推算財運，有其一套方法。古法占財運，獨取用神「財爻」判斷，以定當事人的錢財得失，此法雖可行，卻容易令易卦推斷，流於表面；今人判卦，角度有變，用神「財爻」，只屬六爻中的一部分，要準確細緻，需要整體分析。

其實，「財」可分為闊窄兩面。從「闊」的層面，財爻飛神，可定錢財之多寡；由「窄」的角度，財爻六獸，可定進財之性質。將闊窄兩點結合，便可推斷出問事人的財富收入，是由正職薪酬而來，還是從投機炒買所得，一切皆無所遁形。

占財運，不應獨取用神財爻作論斷，要全盤觀察，留意六爻的配搭及其發動情況，構成一幅怎樣的示象圖，只要將圖象拆解，便可了解全局的脈絡及其終極結果。

此書的判卦特色，不在於某爻，而是著重全局分析，務使提高讀者的眼界。

人性貪婪享樂多

醉生夢死又如何？

老來無依誰可靠

財富堆積又如何？

大千世界來一轉

千金帶走又如何？

來去逍遙最為樂

何須還留一口糧！

【一】財富之降臨

　　錢財的降臨，不是攤開雙手，昂首向天，大叫一聲：「我要」，金錢珠寶，便從天跌下來，想要多少便有多少，若是如此，我們不用天天苦幹，賺取微薄薪酬了。不少人喜歡活在虛幻之中，痴人說夢，妄想成真，他們既不肯面對現實，也不肯腳踏實地，總愛刀仔鋸大樹，拿著十塊錢，去買六合彩或買馬，圖望一覺醒來，橫財臨門，改變自己的人生。人活在無力感的環境下，這種行為、這種心態，是對是錯，有時無法下一個定論。

　　一般人對「財」的概念，十分模糊，只懂回答「有」或「無」。若再問下去，也答不上，只好一笑作罷！其實「財」即錢財，是金錢和財富的縮寫。要賺取金錢，必先付出；要聚積財富，必先節儉。這是不易的道理。

　　用易卦角度看「錢財」，有別於常人睇法，基本上，財可分成為「正財」與「偏財」兩種。兩者不同之處，在於「預期」兩字。「正財」的財，是可預期得到的金錢；「偏財」的財，是不可預期獲取的財富。簡單來說，想得「正財」，就要先付出時間和勞力，才可獲得的回報，這便是現代人所說的「等價交換」了。

正職人士

　　「偏財」跟「正財」不同，「偏財」是一種不可預期的財富或收入，若再細分，它又可分成「行業上」和「非行業上」兩種。所謂行業上，是指一些偏門行業或工種，如古代的工匠、商賈、算命，從事這類工作所賺取的報酬，便屬「偏財」。

專業人士

　　在現代，情況又有點不同，偏財的行業，往往具有專業才藝或技能，如金融投資、設計師、燈光師、化裝師、水電技工、演員、導遊等，他們的報酬，並非按月計薪，而是按每個項目計算，或基本底薪，再加佣金，看起來，他們的收入，並不穩定。若然工作能一項接一項，他們的入息，往往比一般正職人士還要高。

暴發暴敗

有時，某些人士因行業性質或職權關係，收取非法回佣，也屬「偏財」之一。不過，最終他們可能要負上刑事責任。

非行業上的「偏財」，正確一點，可稱為「橫財」。它是一種突然而來的財富，問事人不需付出很大的勞力或很長的時間，便可獲得，當中包括賭博、投機、炒賣、遺產等等。一般而言，「橫財」可令人開心於一時，卻沒法帶來完美的結局。

「橫財」具有不勞而獲的性質，因為是突然而至的財富，人

得財後，並不懂得珍惜，也不懂得感恩，只顧揮霍享樂，徵歌逐色，或沉迷賭博，可在數年之間，將所有金錢散盡！有時，情況更差，當事人已落得身無分文，還要背上了一身債項，破產收場，此即所謂「暴發暴敗」是也！

交代了降臨之錢財，孰正孰偏，讀者在占卜時，應多加留意，這樣，才可以準確地推斷出問事人之財運情況。學易卦，不是為了爭取巨大的財富，而是讓我們知道，錢財不可強求，要取之有道，所謂「機深禍更深」，在每個求財行動前，讀者先要深思再深思！

【二】財富多寡看飛神

飛神十二地支，包含了「金水木火土」五行，除了土〔辰、戌、丑、未〕佔四位外，其餘地支五行，各佔其二。木〔寅、卯〕，金〔申、酉〕，火〔巳、午〕，水〔亥、子〕等。為了方便運用，先把十二地支為分「子午卯酉」、「寅申巳亥」、「辰戌丑未」三組支群。將支群分成三組，當中曉有深意，稍後會逐一分析。

學卦的朋友，要熟習五行運用，「金水木火土」是順序相生，「火金木土水」是順序而剋，明白當中道理，判卦自然得心應手。五行重要之處，在於爻辰彼此的生剋制化。分析每支卦時，先看六爻排列，後尋世應位置，再用爻辰五行生剋，來推演事情的得失變化。

舉例來說，占問事，世位爻辰，是受生還是受剋，已呈現了或成或敗的兩個結局；又如占投資，財爻受生受扶，自然有利投資，若再進一步分析，便要考慮地支的屬性，它是「子午卯酉」還是「辰戌丑未」，如果財爻是「卯」不是「未」，不論賺蝕，其金錢的數目，其實存在很大的差距。因此，若想學好易卦，必需明白各組支群的內藏意義，否則，沒法達至心領神會，心卦合一的境地。

「子午卯酉」支群

　　「子午卯酉」四桃花，對學術數的朋友來說，不會感到陌生，也比較容易理解。這組桃花支群，具有很強的異性緣本質，當用事爻見之，便不自覺地透出一種吸引異性的氣場，有助增強感情的運勢。占姻緣，最宜四桃花爻辰入世或應兩位，便可將它的異性緣色彩，盡情發揮，也反映出問事人，正走著桃花運勢。

> 休閒喜悅

　　若將「四桃花」爻辰，放在占財運的課題上，它所擔任的角色，便截然不同。四桃花臨用神財爻，把進財的性質，轉化為「取悅」、「開心」、「休閒」、「娛樂」、「裝飾」等特徵，因此，當事人可藉服裝、飾物、紋身、娛樂、珠寶、按摩、算命、侍應等相關的消費性行業進財。

例： 財 I 卯

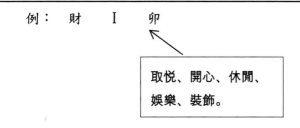

> 取悦、開心、休閒、
> 娛樂、裝飾。

另一方面，「四桃花」不是財氣厚的爻辰，縱使它們得到日月或動爻生旺，財氣亦不會太大，一般只可用「錢財不缺」四字來形容吧了！

「寅申巳亥」支群

「寅申巳亥」不屬四桃花，看上去平平無奇，卻是一組非常有趣的支群。不知讀者有沒有聽過「寅申巳亥天馬位，三合長生在對宮」這句口訣呢？它們都是站於驛馬位，坐於長生地的爻辰，名為「四長生」。驛馬主波動；長生主延緩，正是此組支群的特性。

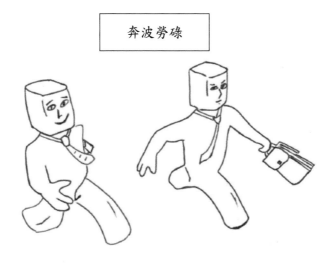

> 奔波勞碌

15

波動與延緩，便成為「寅申巳亥」的本質特徵。占財運，遇上這組支群，進財不免帶點辛勞與拖延，如果當事人在政府部門或大機構工作，問題還不算太大；若只是一般工人，生活必然奔波勞碌！

此組支群，波動的性質特別強，卻欠缺聚積能力，所以，財爻遇上「寅申巳亥」，有「財來易散，散而難聚」的特點。

例：　財　　II　　亥

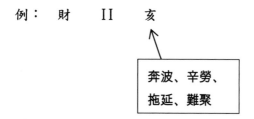

奔波、辛勞、
拖延、難聚

「辰戌丑未」支群

一望而知，「辰戌丑未」的字形，呆呆笨笨，既沒有「四桃花」的吸引力，也沒有「四長生」的延緩性，不過，「土」，始終給人一種厚重的感覺，又給人一種安穩的信念，所謂「山高難移，水深難量」，正是「辰戌丑未」要帶出來的信息。基本上，占問事，用事爻見到它們，只要不配白虎，一般皆主發展穩定。

「辰戌丑未」屬土，「土」的本質為積聚、為堅固、為穩重，故古人稱它為「四墓庫」。由於墓庫有結聚和收藏的功能，若將它的特性引伸，便有壯大、豐滿的意象，正好配合本書主題——「占財運」。

　　試問誰不想身家豐厚？誰不想財富壯大？這也不難理解，看看今天的社會，物價高漲，樓市熾熱，生活困苦，置業艱難，人們的心底，都充滿對物質的追求和響往，認為錢越多，安全感越大。「揮霍無盡，情慾放縱」兩句話，可能已成為現代人活着的寄望，事實上，這一代追求金錢的意欲，更加強烈，也可說是一個銳不可擋的大趨勢！

　　「人有離合，財有聚散」，相信沒有人不明白。世間事物，不論美醜，不論高低，都不會一面倒地發生，永遠是循環往返，這是一個不易的大道理，也符合易理「陽盡轉陰，陰盡轉陽」的原則。縱使你今天擁有億萬家財，也難保他朝不會兩手空空。明乎此！又何須過度追求呢？所謂「物極必反」，一切應順其自然。住在半山豪宅，當然令人羨慕，但未必比住公屋的活得開心，無他，一切視乎當事人的心境而言。

〔四庫的結聚力〕

在「財運」的課題上，四庫顯得特別重要。為甚麼？因為它本身擁有很強的「結聚能力」。任何物質，能結聚才能壯大，所謂「聚沙成塔，積水成河」，雖說是老生常談，亦不無道理。

受風化影響，乾透的土，自然失去了結聚能力，化為細小塵粒，隨風飄散，遇上濕潤的霧水，塵粒再結聚而下墜，聚於一角，又慢慢地堆積增厚，除非碰上瀑雨，否則不會損其根基。要看問事人的財運或財富，必需從「土」的結聚力開始，如沒法弄清這個概念，再說下去也是白費心神。

怎樣定「土」的結聚力？可從下面三種情況去衡量：

《1》四季土

　　春夏秋冬四季，每季都帶有一個「土」，春有「辰土」，夏有「未土」，秋有「戌土」，冬有「丑土」，整齊排列，讀者可參考下圖。如果占投資，財爻恰值四季土月份，財爻堅實有氣，主投資注碼大，獲利豐厚，或主財富得以增長。

　　占財運，財爻是未土，若月建是「未」，是值月；若月建是「辰」，是幫扶，財爻便能發揮其聚積及收藏的力量。最怕遇上「丑」，丑未互沖，府庫破裂，是破財傾敗的克應。

〔四庫圖〕

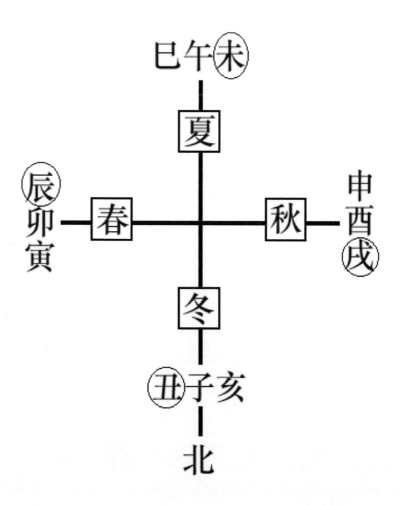

《2》 日月生旺

財爻持「辰戌丑未」四庫，假若得屬火的月建或日辰生旺，不但可增添「土」的厚度，而且可增強它的結聚力量，令財富累積而豐厚；反之，若受日月刑剋，「土」的聚積能力減弱，金錢亦易於散掉。

要徹底了解四庫，必先了解「土強，可聚積而壯大；土弱，易鬆散而崩塌」的概念，便明白「土」的本質特性，知道土石被堆壓時，它可以成為地，也可以成為山。結聚力越強，地會越廣，山也越高，引伸在財富方面，是錢財不斷的堆積，因此，用神見「辰戌丑未」四庫，便給人一種堆金積玉的意象。

財富堆積

在現實環境中，錢財能否聚積？不能不從四庫的結聚力去分析。

〔例〕月建生旺四墓庫，「土」有結聚力。

占問：施君占財運
得卦：風雷益（巽4）

卦爻	六親	卦象	飛神	伏神	變卦/後六親

上爻	兄	I 應	卯		
五爻	子	I	巳	生	午月
四爻	財	II	未		
三爻	財	II 世	辰	酉官	
二爻	兄	II	寅		
初爻	父	I	子		

◆　午月火旺，土厚力強。

〔例〕日辰生旺四墓庫，增強「土」的結聚力

占問：Joe占財運

得卦：澤風大過（震7）

卦爻	六親	卦象	飛神	伏神	變卦/後六親
上爻	財	II	未		
五爻	官	I	酉		
四爻	父	I	亥	午子	
		世			
三爻	官	I	酉		
二爻	父	I	亥	寅兄	
初爻	財	II	丑		
		應			

巳
日

生

◆ 日辰巳火令土變旺變厚，『土』的結聚力，有增無減。

《3》原神發動

　　每個占問課題，都有自己的用神，若用神不受日月生旺，便要看卦中原神，有否發動？有動，則可生扶用神，令它在失意落幕的時候，得到一點支持，得到一點鼓勵，不致走上窮途末路的境地。

　　占財運，以財爻為用神，子爻為原神，假若日月來剋害財爻，財爻不但受制，也可能受傷，進財必然受阻，這點，懂易卦的朋友都不會有異議；倘若卦中子爻發動，情況又不可同日而語，財爻得子爻暗助，錢財之流通力及結聚力，都得到某程度的改善。

〔例〕原神發動，暗助用神

占問： 朱小姐占財運

得卦： 雷水解 (震3) 化 雷風恆 (震4)

卦爻	六親	卦象	飛神	伏神	變卦/後六親
上爻	財	II	戌		
五爻	官	II 應	酉		
四爻	子	I	午		
三爻	子	X	午		酉官
二爻	財	I 世	辰		
初爻	兄	II	寅	子父	

原神發動

生

〔誰握手中金〕

財爻管財，四庫定銀碼大小，當財爻配四庫時，可以算是完美的結合。不過，當「辰戌丑未」遇上其餘的六親時，讀者的視焦，又可能會變得模糊！因為兩者配對不同，解釋必然有異，不明其意的朋友，看著卦爻，便呆在當場，茫茫然不知所措，失去對卦象的分析力。

舉例來說，占財運，辰土配父爻，不少人都抓破頭皮，也摸不透當中含意。我們應怎解讀「辰土父爻」的配對，才可以徹頭徹尾地捕捉到卦象的含意呢？

首先，我們要清楚知道，占財運，以財爻為用神，用神以旺為吉，配四庫為大；而父爻在卦中，會是擔當一個怎樣的角色？若不揭開真相，說過明白，相信不少學卦的朋友，永遠站在「六爻」的十字路口，沒法走出易卦的困局！

若占財運，父爻配上「辰土」時，財爻一定是寅木或卯木，財爻不見四庫，算是臨月值日，亦不主金錢豐厚，只主錢財流通，不愁使用而已。當父爻持四庫時，看上來好像有點吊詭，其實不然，父爻除了是上司、擔心外，也可以是客戶、合約。在這環境下，我們要懂得轉換頻道，否則，不可能解開卦中真象。

尤其是父爻入世位，或臨用事爻位置，父爻便變作主導爻辰，可影響整支卦的走勢和結局。以占財運為例，辰土為銀碼；父爻為合約，當「辰土父爻」兩者走在一起時，可推斷問事人跟

客戶簽下一份大銀碼的合約。這樣理解，是否較為合理？

　　或許你會問，餘下的兄爻、子爻及官爻，配合四庫，我們又應怎樣去理解呢？若讀者有尋找真相的意欲，筆者十分高興，也不會拒人於千里外，有關解釋，各位可參考如下：

　　「辰土子爻」，重點投資或新開發項目。

　　「辰土兄爻」，經營上，遇上週轉不靈或重大損失。

　　「辰土官爻」，經營著資金雄厚的公司。

　　不同的六親執掌四庫，有不同的演繹。財爻主資金流動、財富多寡；父爻主大銀碼合約、實力客户；兄爻主經營損失、週轉不靈；子爻主重點投資、開發項目；官爻主業務龐大、實力雄厚。哪一個六親持四庫，便是誰握財政命脈，落位正確，自然發揮出各六親的本身力量。

〔例〕- 四庫財爻入「世」

占問：A占財運

得卦：山雷頤（巽7）

卦爻	六親	卦象	飛神	伏神	
上爻	兄	I	寅		
五爻	父	II	子	巳子	
四爻	財	II	戌 ◀┄┄┄┄		財爻得位
		世			
三爻	財	II	辰	酉官身	
二爻	兄	II	寅		
初爻	父	I	子		
		應			

◆　世持財爻得位，手握權財。

28

〔例〕─ 四庫父爻入「應」

占問：B占財運
得卦：水山蹇（兌5）

卦爻	六親	卦象	飛神	伏神
上爻	子	II	子	
五爻	父	I	戌	
四爻	兄	II	申	
		世		
三爻	兄	I	申	
二爻	官	II	午	卯財
初爻	父	II	辰 ◄┈┈┈┈┈┈┈	父爻入位
		應		

◆ 父爻在應入位，B可得長輩或上司的財政支持。

29

〔例〕－　四庫兄爻入「卦身」

占問：C占財運

得卦：澤天夬（坤6）

卦爻	六親	卦象	飛神	伏神
上爻	兄	II	未	
五爻	子	I	酉	
		世		
四爻	財	I	亥	
三爻	兄	I	辰身 ◄┈┈┈┈┈┈┈ 卦身位正	
二爻	官	I	寅	巳父
		應		
初爻	財	I	子	

◆　兄爻在卦身，C擔心會遇上大破財。

〔例〕- 四庫子爻在「間閒」

占問：D占財運
得卦： 天水訟（離7）

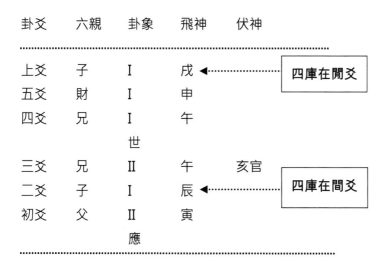

卦爻	六親	卦象	飛神	伏神
上爻	子	I	戌 ◄┄┄┄┄ 四庫在閒爻	
五爻	財	I	申	
四爻	兄	I 世	午	
三爻	兄	II	午	亥官
二爻	子	I	辰 ◄┄┄┄┄ 四庫在間爻	
初爻	父	II 應	寅	

◆ 子爻在間、在閒，他們都不在用事位，是為失用，啟動不了四庫的力量。

　　六親配上「辰戌丑未」，其所牽涉的資金，一般都較「寅申巳亥」和「子午卯酉」為大。

〔六獸顯其真〕

若想推斷更仔細，六獸的意象是不可缺少的。再拿「A占財運」的例子，作進一步討論，可讓讀者的思路，集於一點，不致走遠。

占問： A占財運

得卦： 山雷頤（巽7）

卦爻	六親	卦象	飛神	伏神
上爻	兄	I	寅	
五爻	父	II	子	巳子
四爻	財	II 世	戌 ◀········ 財爻得位	
三爻	財	II	辰	酉官身
二爻	兄	II	寅	
初爻	父	I 應	子	

當配上不同六獸，用神財爻，折射出不同的意義：

《青龍主龐大、國際》

青龍財　　II　　　戌
　　　　　世

「戌土財爻」是資金流動，加青龍，是龐大的資金流動。

「戌土父爻」是重大項目，加青龍，是龐大的項目合同。

「戌土兄爻」是經營上的損失，加青龍，是龐大的金錢損失。

「戌土子爻」是資金投資重點，加青龍，是龐大的投資項目。

「戌土官爻」是資金雄厚的公司，加青龍，是龐大的跨國企業。

《朱雀主口舌、快速》

朱雀財　　II　　　戌
　　　　　　　　世

「戌土財爻」是資金流動，加朱雀，引伸為提高資金流動。

「戌土父爻」是重大項目，加朱雀，其意是加快討論發展項目。

「戌土兄爻」是經營上的損失，加朱雀，可能因失言而招致重大的金錢損失。

「戌土子爻」是資金重點投資，加朱雀，要儘快處理開發中的投資項目。

「戌土官爻」是資金雄厚的公司，加朱雀，引伸為企業發展迅速。

《騰蛇主緩慢、延續》

騰蛇財　　II　　　戌
　　　　　　　世

「戌土財爻」是資金流動，加騰蛇，資金流動緩慢。

「戌土父爻」是重大項目，加騰蛇，項目發展被拖延。

「戌土兄爻」是經營上的損失，加騰蛇，主損失持續。

「戌土子爻」是資金重點投資，加騰蛇，投資項目，推進緩慢。

「戌土官爻」是資金雄厚的公司，加騰蛇，主公司發展速度緩慢。

《勾陳主專業、持續、堅持》

勾陳財　　II　　戌
　　　　　世

「戌土財爻」是資金流動，加勾陳，暗示資金可持續增加。

「戌土父爻」是重大項目，加勾陳，堅持發展帶專業性項目。

「戌土兄爻」是經營上的損失，加勾陳，便是虧損擴大。

「戌土子爻」是資金重點投資，加勾陳，主堅持專業性項目投資。

「戌土官爻」是資金雄厚的公司，加勾陳，公司發展趨向專業方面。

《白虎主破壞、損耗、武斷》

白虎財　　II　　　戌
　　　　　　世

「戌土財爻」是資金流動，加白虎，巨大的流動資金破損。

「戌土父爻」是重大項目，加白虎，主項目失敗。

「戌土兄爻」是經營上的損失，加白虎，營運出現極大虧損。

「戌土子爻」是資金重點投資，加白虎，主投資武斷，易出問題。

「戌土官爻」是資金雄厚的公司，加白虎，公司發展過急，過度投資，令公司陷入危機之中。

《玄武主暗晦、投機》

玄武財　　II　　　戌
　　　　　世

「戌土財爻」是資金流動，加玄武，資金流向不明，或主以投機進財。

「戌土父爻」是重大項目，加玄武，低調發展某些項目。

「戌土兄爻」是經營上的損失，加玄武，資金暗暗損失或投機失誤。

「戌土子爻」是資金重點投資，加玄武，暗地進行某些項目投資。

「戌土官爻」是資金雄厚的公司，加玄武，公司有實力，但沒有明確的發展方向。

交代了「戌土財爻」的各種情況，讀者應可明白四庫的用途，特別在投資和經營方面，若掌握得好，自然能早着先機，增添成功的機會。

【三】財真財假看六親

每支卦由下卦和上卦組成，一卦三爻，合共六爻，可分成世爻、應爻、間爻、閒爻四部分。因此，占財運時，用神財爻，有時坐「世」，有時落「應」，有時入「間」，有時進「閒」，只要確定財爻位置，便可貫穿六爻意象，看透問事人的錢財走勢，其財運孰真孰假，透過卦象，無所遁形！

財爻落在哪個爻位上，會有不同的反射作用。一般而言，財爻入世應兩位，最是理想，主錢財易得；若財爻入間閒兩處，求財每多轉折。假使依據「財爻」落點，推斷問事人的財運狀況，其實亦有不足。我們還要考慮下列各項問題。

■　究竟問事人是得財大，還是得財細？

■　究竟問事人是有財可用，還是無財可使？

■　究竟問事人的聚積能力強，還是散財的力度大？

想解答以上所有疑難，需按基本的原則推斷，拆解卦象六爻的含意，此時，日月存在的力量，不容忽視，否則，很難找到正確的答案。

　　為了讓讀者易於理解，筆者以六親「財爻」臨世、臨應、臨間、臨閒四位時，會折射出一個怎樣景象，去分析財運的走勢。

例：財爻坐「世」，手握財權

占問： 小琳占財運
得卦： 水澤節 （坎2）

卦爻	六親	卦象	飛神	伏神
上爻	兄	II	子身	
五爻	官	I	戌	
四爻	父	II 應	申	
三爻	官	II	丑	
二爻	子	I	卯	
初爻	財	I 世	巳	

財爻入世

■　財爻入世：當事人手握財富，占財運，錢財不缺。

■　錢財大細：財爻得日辰月建生旺，一般主財大。

■　錢財運用：只要財爻不受刑剋，一般主有財可用。

■　錢財聚積：巳火主向上，主散發，錢財的聚積能力弱。

例：財爻入「應」，財在眼前

占問： 穎謙占財運
得卦： 雷風恆 （震4）

卦爻	六親	卦象	飛神	伏神
上爻	財	II 應	戌	
五爻	官	II	申	
四爻	子	I	午	
三爻	官	I 世	酉	
二爻	父	I	亥	寅兄身
初爻	財	II	丑	

財爻入應

■　財爻入應：尤如在當事人面前，放著一筆金錢，他自己主動去拿，還是等它送到他的口袋裡。

■　錢財大細：財爻是四庫，一般為財大，若再得日月拱扶生旺，便有財多不可量的意象。

■　錢財運用：只要財爻不受刑剋，也不受兄爻劫財，主有財可用。

■　錢財聚積：戌土主聚，財富聚積能力強。

例：財爻進「間爻」，財聚散難料

　　財爻的狀況，跟在世或在應時完全不同，金錢雖在你身旁，似近還遠，總是沒法拿到，只能乾著眼看著它，除非爻動，再回頭生或回頭合世爻，才會出現變數。

占問：吉叔占財運
得卦：天火同人（離8）

卦爻	六親	卦象	飛神	伏神
上爻	子	I 應	戌	
五爻	財	I	申 ◄------- 財爻入間爻	
四爻	兄	I	午	
三爻	官	I 世	亥	
二爻	子	II	丑	
初爻	父	I	卯	

■　財爻入間：「間」不是主導位置，影響力轉弱，因此，財爻在此處，主財難求且易散。

■　錢財大細：財爻是申金，延續性的意味很強，算是日月生旺，也不主財大，只能用「錢是會繼續來」來形容。

■　錢財運用：財爻受生也好、受剋也好，收入必受限制，所以，問事人不可胡亂揮霍，如俗所說：「要睇著嚟使！」。

■　錢財聚積：申金不是四庫，財富聚積的能力不強。

例：財爻落「閒爻」，求財夢碎

　　錢在遠方，要拿也不容易，若想得財，必須經過一番努力奮鬥。除非，財動生世，才現轉機，否則，一切皆是空談空想而已。

占問：美皓占財運
得卦：天水訟（離7）

卦爻	六親	卦象	飛神	伏神
上爻	子	I	戌	
五爻	財	I	申 ◀╌╌╌╌╌	
四爻	兄	I	午	
		世		
三爻	兄	II	午	亥官
二爻	子	I	辰	
初爻	父	II	寅	
		應		

財爻在閒爻

- ■　財爻入閒：財爻在「閒」位，有時比在「間」位更差，因為財爻失去自主能力，問事人空有發財美夢。
- ■　錢財大細：申金財爻，主金錢有延續性，不主大財。
- ■　錢財運用：財爻受生旺，收入可以，用錢不緊，生活平穩。
- ■　錢財聚積：申金不是四庫，基本上沒有太大的聚財能力。

從以上例子分析得出，便知道財爻在「世、應、間、閒」四位發放的信息，可簡單地歸納為「世應臨財財來真，間閒見財財難尋」兩句話上。世應兩位持財爻，其意象是掌財與遇財，不是財在我手便是財來有方，錢財的剋應，既真且實，非空中樓閣。

間閒兩位，雖臨財爻而不實，何解？財爻不入世應位之故，彼此管道不同，財氣未能接通，既然財不到位，財來自然不真；除非財爻發動，或動化財爻，來生來剋世爻，情況才會生起變化，否則，一切只是如夢似虛。所以「世」旁見財爻，不算真財，往往表示錢財跟你擦肩而過而已！

不論你是專業術士或是業餘研究者，替人卜卦，必需認真，不可抱輕率心態，判斷遇上疑難，必需反覆推敲，不要妄下結論，你的一言或你的一語，可令當事人置身天堂，也可令他墮進地獄。因此，占財運，一定要認清卦中財爻之真假，才可幫助當事人，走出迷局，作出正確的決定。

要知財運孰真孰假，切忌胡亂猜度，要看財爻之旺弱及其處身位置，才可準確地推斷出當事人的財運狀況。倘若不明真假，術者見卦中有財爻一二，便判斷當事人大財將至，並慫恿他們擴大業務或增加投資，誰知這一切一切，皆屬幻象！只知進而不知退，是用卦大忌。術者的輕率判斷，只會令當事人每踏前一步，在其人生的路途上，多撒下一粒失敗種子，當時日一到，惡夢降臨，便會身陷困境，最終難逃一敗塗地的命運！

「易卦」是一門很奇妙的學問，只要用得其法，用得恰當，

它會從卦象中，提供指引，引領當事人面對眼前困局，渡過難關。所謂「爻動生變」，占問事情，見卦中爻辰發動，便知事情有變，其變，可能是一個轉機，也可能是一個危機。

究竟爻辰發動，到底是創造一個轉機，抑或製造一個危機呢？我們須要從爻辰之變動中，了解事情的變化，才可推斷出吉凶結局。「吉」是轉機，「凶」是危機。卦中的吉凶展示，須看得明白，才可替當事人解憂！

占財運，財爻旺弱與其位置，對本卦的影響最大。若它在世、應、間爻、閒爻四位發動，其財氣能否貫通本卦與化卦，是此節研究重點。

〈世位財爻發動〉

　　世持財爻發動，卦象便生起變化，動與變，是一種過程，也透出「六親轉化」一步的重要性。動化出的新六親，對「世」產生怎樣的效應，才是卦中焦點。

例：世位「財爻」發動

```
　　　　　　　　　　　　動化
　財　　　○　　巳 ·······················▶ ?
　　　　　　　世
```

財爻化財爻：一財衍生出另一財，有財生財的意思，既然是兩財並
　　　　　　　存，財運自然較佳。

財爻化子爻：子爻是財爻的原神，有回頭生財之力，對本卦財爻產生
　　　　　　　支持力量，顯示財富得以延續。

財爻化兄爻：兄爻是耗損或阻礙，化兄爻，主財運開始轉弱或破損。

財爻化父爻：父爻為煩惱、擔心、困擾，從化父爻的性質推斷，可能
　　　　　　　因金錢問題而帶來煩惱。

財爻化官爻：官爻是驚恐、事業、官非，會剋應在哪一方面？有時亦
　　　　　　　須配合六獸及飛神來定。因為財生官的關係，財化官，
　　　　　　　便有「洩」的意象，引伸為財氣轉弱的訊號。

〈應位財爻發動〉

占財運，應可代表進財的性質，或者是得財的過程，對當事人來說，金錢的來去，一切都是被動的，沒法掌握，若持卦身，更確。無論如何，財爻在應位發動，不論對世爻有沒有生剋，都會帶來金錢方面的變動，其變動的好壞，要視乎化出的六親，對世爻六親產生怎樣的效應，才可定奪。

例：應位「財爻」發動

財　X　戌　————動化————➤　?
　　應

財爻化財爻：看著日益增加的財富，當事人只能望門輕嘆！俗語所「蜑家雞見水」，有得睇冇得使。若化出的財爻能回頭生剋世爻，結局才算理想。

財爻化子爻：應爻財化子，得子爻回頭生旺，占財運，金錢持續不缺；假若適逢世持官爻，子爻同時回頭剋世，會是一幅怎樣的意象浮現？讀者要用上立體思維去想想，此刻子爻剋「世」，主辛勞；子爻生「應」，主財旺，兩者可合成一個新的立體意象，轉換成一幅「為了賺取更高報酬，不得不要辛勞工作」的圖象。

財爻化兄爻：這是財來財去，夢醒成空的意象。例如炒賣房地
產，獲利仟萬又如何？偏偏喜歡賭博，頃刻輸掉所
有，甚至欠債，情況比未獲利前更糟。有時，財化
兄，情況又不會那麼極端，可能是處於失業狀態中
而已，不要斷章取義，需要按整支卦象來推斷。

財爻化父爻：應爻財化父，可能是外在環境的轉變，令入息不
穩，或增加開支，此刻，若卦身落在兄爻，正正配
合當事人的處境，他需要找兼職或另謀渠道，擴闊
財源，這種情況下，當事人又怎會不煩惱呢？

財爻化官爻：財化官，是一個不好的變化，因為官爻的困擾和憂
慮，比父爻嚴重，更甚者，不免帶有官非或意外，
見白虎，尤其小心，應從卦象中，找尋趨避的方
向，減低問題帶來的傷害。

〈間位財爻發動〉

　　世應之間便是「間」，爻居其中，稱為「間爻」。間爻有二，若同是寂靜，對世應來說，起不到明顯的作用，縱使兩者皆是財爻，哪又如何？當事人也未必直接受益。它們若然發動，可能會出現戲劇性的變化，這時，它的動、它的變，便有機會成為判卦之關鍵點，讀者要多加留意。

　　財爻的動，是牽動着金錢的變化，它可能生剋世爻，亦可能生剋應爻，孰世孰應，要看本卦六爻排列，及動化後之爻辰，便可知一切，不過，最重要的環節，非其動化過程，而是動化後的「飛神」與「六親」，兩者對世、應、卦身會不會造成生剋刑害，因此，不同的爻辰，不同的六親，可能會出現天淵差別的財運變化。

例：間位「財爻」發動

```
                    動化
    財    ○    申  ┄┄┄┄┄┄┄┄▶  ？
          間爻
```

財爻化財爻：在間爻出現財化財的變動，未必一定財運順遂，只
　　　　　　不過顯示一些進財的機會，若能夠掌握，當然可以
　　　　　　提升自己的財富，否則，可能是未能實踐的發財大
　　　　　　計而已。所以，動化出的財爻，能生能剋世應兩爻
　　　　　　最好，表示當事人的進財機會，會大大提高。

財爻化子爻：財化子，在本質上，帶有開創求財的色彩，所謂力不到不為財，正是卦中想表達出來的原意。能否付諸實行？須看世爻所持的六親，若世持子爻或父爻，且得日月相助，屬於艱苦創業的結構。

財爻化兄爻：財化兄，帶有錢財破損的徵兆，因此，當事人害怕損失，凡牽涉及金錢層面，每每畏首畏尾。占財運得此卦象，不應進行任何投機炒賣活動，否則，他往往因拿不定主意而錯失良機，招致損失。

財爻化父爻：財化父，是自尋煩惱的卦象，若世或卦身持兄更確。

財爻化官爻：財化官，回頭合世或剋世，當事人可能因求財而惹上官非，或帶來驚險，尤其是玄武財爻動化玄武官爻的時候，要特別小心，莫因一時貪念而遺憾終身。

〈閒位財爻發動〉

在世應外圍的爻辰,稱為「閒爻」。若閒爻持財爻,其財不一定與問事人有關,這可能是一個訊號,顯示外圍湧現一些搵錢機會。適不適合你去沾手,須看你自己的世爻持那一個六親,假使世持兄爻,無用強求,若強而行之,反會為自己製造一次破敗命途。

例:閒位「財爻」發動

```
            動化
財    X    寅  ·····················▶  ?
      閒爻
```

財爻化財爻:閒爻出現財化財,可能是一種誘惑,此所謂「引君
          入甕」。遇此卦象,必須詳查世應的結構,以定財
          運之真假。

財爻化子爻:財化子,是得財不易的組合,若閒爻在世之側,它
          動來生世,當事人也可能沾到一點甜頭,假使化出
          的子爻,在五行上,未能回頭生旺財爻,財源只是
          短暫,未必可以持續下去;若財爻與世爻相隔數
          爻,動化子爻來剋世,這些微薄小利,未必引起當
          事人的興趣。

財爻化兄爻:財化兄合世,是有人想找你合作的卦象。能不能賺

錢，需要整支卦來論斷。

財爻化父爻：財化父，好大機會是一份合約。倘若是青龍財化
　　　　　　父，必然是一份龐大項目的合同，牽涉巨大資金；
　　　　　　對個人而言，亦是一份優薪職位，財運必佳。

財爻化官爻：閒爻財化官，困擾的性質特別強，財運亦不理想。

　　能認清財爻在本卦的力量及其化卦後的六親變化，才可確定
財運孰真孰假。

【四】財來明暗觀六獸

　　既知財運之真假，也知財來之多寡，接下來，我們可按六獸的特性，去推斷來財的性質。用廣義的角度來劃分，可分為「明」與「暗」兩種，正即「明」，偏則「暗」，便是開始時提及的「正財」與「偏財」兩個範疇。

　　六獸情懷不同，形態各異，其行為動靜，各有精彩。快與慢、明與暗、強與弱、高與低，六獸之間，互相存在智慧上的角力和力量中的比拼，因此，我們必須了解它們的性情與本質，才能在判斷時，演繹出事情的細節來。有關六獸性情，可參考拙作《象數易之姻緣與婚姻》一書。

　　飛神力量，主宰了卦內六親和六獸的去向。飛神強，帶領六親和六獸，走向正面的發展；飛神弱，驅使六親和六獸，步向陰暗的層面。因此，飛神旺弱，等同六親旺弱，同樣是六獸旺弱，當中好壞，全憑六爻配搭，所謂「一爻三應」，三應者，即每個爻辰，能應於時空、應於人事和應於形態，全部信息，藉此傳送，而占卦者不過是取其意態，作其引伸，將「財」的性質歸納及推演而已。

〔**青龍的財**〕

六獸中，青龍的本質最單純、最優越、最敦厚、最公正，又儒雅，行為舉止，十分正面，稱得上是「人中之龍」。青龍是正義的化身，當青龍持財爻時，「財」的性質，必然是正大光明，而且取之正道。

所以，青龍的財，不會是從投機所得，也不會是由受賄而來。最簡單的進財渠道，不外乎薪酬與回報兩種。若青龍財爻旺相，受僱者必得優厚的薪酬；若青龍財爻受剋，從商者，生意往還，邊際利潤，十分微薄。

以上兩種進財情況，一律可納入「正財」的範疇內。

青龍

〔朱雀的財〕

　　朱雀持財爻，基本上亦屬於正財方面，不過，朱雀本身，帶有口舌特性，進財時，總不免或多或少帶點是非色彩，或在進財過程中，費盡唇舌，才能説服顧客。

　　有時，職業本身具有是非性質，如事務律師、公關、教師、投資策劃等，反可減少進財時的是非煩擾。若要更了解其行業，必須配合官爻性質來推斷，不可單一而行，否則錯漏百出。

朱雀

〔勾陳的財〕

　　勾陳的財，可正可偏，其包含的範圍甚廣，若將勾陳財的性質劃分，可分為「專業」和「非專業」兩種。勾陳具專業特性，其專業取向，要從飛神地支去分析，他可以是工程師、測量師，也可以是美容師、燈光師，又可以當財務策劃、金融分析等。以「專業」知識或技能賺回來的錢，就是「正財」。

　　勾陳性質帶偏門，若捨「專業」而取投機門路，如炒賣房地產，買空賣空股票等，都納入「非專業」類別，只要財爻旺相，也可獲利，不過，這刻勾陳的財，已落入「偏財」之中。

 勾陳

〔**騰蛇的財**〕

　　騰蛇持財爻，多偏向正財方面。騰蛇的懶散，非其力有未逮，而是他駕御能力特強，處事漫不經心，令人有此錯覺而已。由於騰蛇性質，善長交際與外交，反射在工作方面，可能帶點公關色彩，當事人可憑其左右逢源的手腕，穿梭於服務機構之內，穩站一席之位。

　　騰蛇有延續及緩慢的意象，所以，當財爻持「寅申巳亥」時，更加增強這方面的特性，雖然進財會延綿而不絕，若論財氣，始終不大。

 騰蛇

57

〔白虎的財〕

　　白虎持財爻，沒有正偏之分，白虎主大耗損，不論財屬正屬偏，結局一樣，只是破財的程度不同而已。任何爻辰遇上白虎，基本上皆主不利。白虎所帶來的損失，沒法定格，要按獨立的情況或項目而定。

　　若按第二章〔財富多寡看飛神〕的原則，配以白虎，其破損可分為兩大類。白虎配「辰戌丑未」，其破損極巨，嚴重者可導致傾家；若白虎配「四桃花」或「四長生」，損失則未必去到連根拔起的地步。以炒賣樓房為例，白虎財爻臨「四墓庫」，可能因樓市急跌導致破產；若白虎財爻臨「四桃花」，只不過是炒賣有損失，不致陷入絕境。

　　白虎配合四庫，「財」來時，又快又多；「財」去時，又急又大。許多時候，白虎乘旺，極可能是破財、傾敗或破產的先兆。還要留意一點，白虎主快捷，事情的發生，往往來得很快，殺事主一個措手不及！

白虎

〔玄武的財〕

　　玄武的財,多屬偏財,因為玄武的本質使然,它傾向娛樂、色情、賭博、投機、盜竊等,凡此種種,都帶有「暗」的性質,所以,「財」帶玄武,有偏財之應的說法。

　　現代興起網上銷售,亦帶有玄武特性,也屬偏財。如果不是從事以上或相近的行業,玄武財爻受日辰、月建或動爻剋制,卻顯露了玄武最「暗晦」的一方,這刻,你可能正處於失業狀態,為求生活,有可能挺而走險,走上人生的一條不歸路。

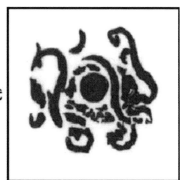

玄武

【五】占「財運」

現代人觀念非常實際，漸漸將「金錢」和「生活」畫上等號，說來或許有點誇大，但看看今天的物價、租金、車資，又不無道理。生活壓力，緣於收入不足所致。一份微薄的薪酬，如何應付得了如雪片飛來的賬單呢？

家庭基本開支，兒女學校雜費，自己上班使用等等，將每個人都壓得透不過氣來。想減低個人壓力，首先要改善生活；想要改善生活，就要增加收入；想提高收入，便要努力工作。在這一刻，他們除了工作外，跟本沒有第二條出路。

人在困局裡，無論你多麼努力，還是做不出成績來，這時候，人漸漸變得消極，也慢慢變得懶散，在他們的腦海，不期然浮現僥倖的想法，發夢也喊著要發大財，要遠離拮据的生活，所以，許多人眼裡，金錢跟生活，永遠是同步上落，或者，這種想法，是沒有對或錯的。

在物質的角度，錢財越多，生活過得越舒適，壓力便會消失。因此，不少人嘗試尋找門路，預測自己的財運走勢，期望有突破性的變化，因此，有人去批八字，也有人去算斗數，使絕望的心靈，不再感到那麼絕望！那麼空虛！也令活在困極日子裡的朋友，找到活下去的藉口。

推算問事人的財運，八字和斗數，都有很高的準確性，不過，占算短期內的財運，或作針對性的投資預測，易卦會是一種

較有效的方法。

占財運，以財爻為用神，用神會擔任一個怎樣的角色？稍後，跟讀者一起探討和分享。

【用神財爻】

占財運，用神是財爻，它的功能，主要用來推斷問事人財運裡的三個層面-財運弱旺、錢財變化、金錢多寡。

〔財運弱旺〕

決定財運是旺是弱，先要看財爻是否得助。所謂「得助」，是指財爻是否得到日辰或月建的眷顧，若能受它們所生，受它們所扶，財爻力量充盈，自會發揮本身「進財快，得財易」的特性，財運自然暢順。

下面試舉一些例子，有助讀者理解財爻旺弱的狀況。

1》得月生，財爻得助

財　　　　II　　　　午　◄┄┄┄┄┄┄┄ 生 ┄┄┄ ｜卯月｜

◆　得財容易。

2》坐月建，財爻乘旺

財　　　　II　　　　午　◄┄┄┄┄┄┄┄ ｜午月｜
　　　　　　　　　　　　　　　值月

◆　財運穩定。

3》日來生，財爻得力

◆　錢財不缺。

4》值日辰，財爻興旺

◆　財富雄厚。

　　利用財爻之五行，按四時和日辰的生剋，來推斷問事人財運之強弱或有無，這種方法，簡單易明，讀者自己可多做實例測試，印証真假。

〔錢財變化〕

財運走勢，各人不同。有人在窮極中反彈，亦有人在富貴中傾家，有時，或許沒有那麼極端。人在困境，憑個人努力，增加收入，逐步改善生活；有人身居要職，本生活無憂，卻為爭一口氣，辭職不幹，令收入銳減，財富凋零。

財爻發動，錢財上必生變化，其變化有好亦有壞。財運由差轉佳，當然是好；若由好轉壞，情況卻令人憂慮！在概念上，爻辰發動，落點分明，沒有甚麼值得去爭拗，不過，卻要留意，它化出一個怎樣的爻辰，化出一個怎樣的六親，對整支卦象結構，會造成吉凶的變化，才是重點。

一般而言，可歸納成下列各項：

■ 財爻化財爻，若是化進，如飛神「卯」化「辰」，財運可得到改善。

■ 財爻化財爻，若是化退，如飛神「午」化「巳」，財運減弱。

■ 財爻化子爻，回頭生旺，要加倍努力，金錢才會逐步增加。

■ 財爻化兄爻，是退財或破財的運勢。

只要留意財爻發動時，所產生的微妙變化，便可推斷出財運走向，得與失，進與退，都在你掌握之中。

〔金錢多寡〕

　　若想從財爻中，推斷當事人的錢財多寡，必需要留意它所持的飛神，是屬於哪一組支群，而這部份，已在第二章【財富多寡看飛神】中提及。基本上，十二飛神地支，可分為「子午卯酉」、「寅申巳亥」、「辰戌丑未」三組，若單從「財富」的角度去分析，三組支群是有高低分別的。

「子午卯酉」：它是一組財富較薄弱的支群，算是得月生或值
　　　　　　　日，只代表其人表面上錢充裕，但實際上是財
　　　　　　　來財去。

「寅申巳亥」：此組支群較佳，當事人的財富，比「子午卯酉」
　　　　　　　連貫，而且進財延綿不斷。

「辰戌丑未」：在財富的表徵上，「辰戌丑未」較另外兩組支群
　　　　　　　優勝，它有很強的聚積能力，可令財富日漸壯
　　　　　　　大，所以，財爻喜見「辰戌丑未」四庫，表示
　　　　　　　其人財富豐厚。

　　綜合而言，易卦依據這三組支群，區分財富多寡。現按其由大至小，排列出來，最大是「辰戌丑未」，其次是「寅申巳亥」，最細為「子午卯酉」。為人推斷財運時，讀者可嘗試運用這個原則，來衡量問事人的財運狀況，相信，打從心底裡，你會發出會心的微笑！

財
運
實
例

實例〔1〕

西曆：	2008		年		6	月		8	日
陰曆：	戊	子	年	戊	午	月	己	卯	日
占問：	梁小姐 占 財運								
得卦：	天澤履 (艮6) 化 山澤損 (艮4)								
卦身：	辰			旬空：		申、酉			

卦爻	六獸	六親	卦象	飛神		伏神			變卦	後六親
上爻	勾	兄	\	戌						
五爻	朱	子	O	申	空	子	財		子	財
			世							
四爻	龍	父	O	午					戌	兄
三爻	玄	兄	\\	丑						
二爻	白	官	\	卯						
			應							
初爻	蛇	父	\	巳						

分析及推斷：

來人占財運，一般都抱着兩種心態。其一，他/她足襟見肘，想知道怎樣才可以增加收入，改善生活；其二，他/她生活不錯，希望找到更多金錢，來滿足他們更多的慾望。

看這支卦，梁小姐的情況應屬後者。世坐五爻，持子伏財，她手底下，應有一筆現金，若不貪求，生活應無大礙。不過，人永遠敵不過自己的貪婪，所以，世爻重動，化出財爻子水，月建午火沖動，哪種急不及待的求財慾望，會帶來一個怎樣的結局？正是我們要解開的謎團。

應位白虎臨官，卯木值日，眼前好像放着一個機會，若不快快決定，便錯失良機。因此，四爻青龍父爻重動，要做老闆那份喜悅，油然而生，由於父爻午火動化入墓，懂卦者，便知此舉動不宜。

占財運，世應出現子卯相刑，已暗示求財不易，加上四爻化戌土兄爻，開支大，損失也大，而且是連續的破財。為何有此說？看戌土回頭合應卯木，卯戌合化火，火是螣蛇父爻，這盤生意，必定為她帶來長期的財務困擾！

梁小姐流年財運差，曾勸阻她不宜有重大的投資舉動。所謂「忠言逆耳」，她聽不進耳內。她舉動盲目，又利慾薰心，卦象兩番提示，仍堅持去做，若最終損手離場，也是咎由自取。

【實況】

據梁小姐的朋友回覆，她受男朋友影響，注資內地一間工廠，她有老闆之名，卻無老闆之實，日常運作，無法干預。由於工廠長期虧損，股東不時要求她再注資，維持工廠正常運作，令她感到十分煩惱。

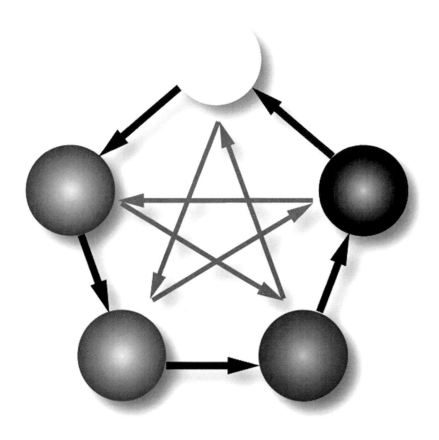

實例〔2〕

西曆：	2008		年		6	月		8	日	
陰曆：	戊	子	年	戊	午	月	己	卯	日	
占問：	賢仔 占 財運									
得卦：	風澤中孚 (艮7)									
卦身：	酉			旬空：		申、酉				

卦爻	六獸	六親	卦象	飛神		伏神			變卦	後六親
上爻	勾	官	\	卯						
五爻	朱	父	\	巳		子	財			
四爻	龍	兄	\\	未						
			世							
三爻	玄	兄	\\	丑		申	子	空		
二爻	白	官	\	卯						
初爻	蛇	父	\	巳						
			應							

分析及推斷：

　　易卦中，有一句「世持兄爻莫問財」，可知兄爻不利求財。此卦，賢仔世持青龍兄爻，占財運，當然不佳，若讀者細心，便會留意到其飛神是四庫中的「未」土，如果兄爻是破損，其破損必然很大。

　　此卦應來生世，月建午火又合世未土，午未合化火，全支卦火重土旺，土旺兄強，好明顯，這是沒節制，用錢失度的卦象。

　　更惡劣的是，財爻子爻，皆伏而不出，財源沒法持續，個人財政，定必陷入困境。

　　唯一可提醒他的，使錢要量入為出，否則，可能因債務而招惹官非。

【實況】
　　賢仔是自僱人士，又愛夜蒲，大部份使費，都用信用咭支付，不知不覺，已欠下銀行很大筆咭數，近期沒有工作，沒有收入，連繳交最低付款亦有困難，若情況沒有改善，可能會踏上破產之途。

實例〔3〕

西曆：	2003		年		9	月		9	日	
陰曆：	癸	未	年	辛	酉	月	乙	酉	日	
占問：	黄先生 占 財運									
得卦：	澤火革 (坎5) 化 天火同人 (離8)									
卦身：	卯				旬空：		午、未			
卦爻	六獸	六親	卦象	飛神		伏神			變卦	後六親
上爻	玄	官	X	未	空				戌	子
五爻	白	父	\	酉						
四爻	蛇	兄	\	亥						
			世							
三爻	勾	兄	\	亥		午	財	空		
二爻	朱	官	\\	丑						
初爻	龍	子	\	卯	身					
			應							

分析及推斷：

　　這支卦，又是世持騰蛇兄爻，日月生旺，財運薄弱。卦象透出，世去生應，是錢財流失之象。這支卦有一特點，財爻與子爻，雙雙落入桃花爻辰，初步推斷，他的金錢，好大機會使在異性身上。

　　應是財運狀況，得世亥水來生，雖被日月來沖，可保不破。青龍子爻卯木，又是卦身，黃先生是未婚中年男士，遇上心儀的人，自難把持，送這送那，娛樂消費，絕對疏爽，因而使用日大，錢財慢慢消散，因此卦中財爻，伏而空，其經濟狀況，逐步轉差。

　　上爻玄武官爻未土化戌土子爻，出現「未戌相刑」的結構，子爻為財根，財根受刑，財運走勢，必然受阻，加上跟日和月的酉金，構成「酉戌穿」的組合，是錢財暗損的徵兆。

　　占財運，這卦象必然不理想。或許，能一親香澤，縱使要他家財散盡，也是甘心！

【實況】

　　黃先生經營一間小型公司，2003年往內地洽談生意，在夜場認識一位少女，彼此傾慕，雙雙墮入愛河，對女方要求，無不兌現，致令支出大增。

實例〔4〕

西曆：		2012	年		5	月		18	日
陰曆：	壬	辰	年	乙	巳	月	己	卯	日
占問：	Apple 占 財運								
得卦：	山水蒙 (離5) 化 地水師 (坎8)								
卦身：	酉			旬空：		申、酉			

卦爻	六獸	六親	卦象	飛神		伏神		變卦	後六親	
上爻	勾	父	O	寅				酉	父	身空
五爻	朱	官	\\	子						
四爻	龍	子	\\	戌		酉	財	身空		
			世							
三爻	玄	兄	\\	午						
二爻	白	子	\	辰						
初爻	蛇	父	\\	寅						
			應							

分析及推斷：

　　世持青龍戌土子爻，外表看來，Apple是一個身家豐厚的人，實情是否如此？必須追踪各爻的去向，才可找到答案。既然世持子爻，求財必親力親為，不過，其飛伏配對，竟成「酉戌相穿」結構，卦身更落在旬空的酉金財爻上，正顯示出Apple擔心自己的錢財會否受損，她多思多慮的心態，正好反映在應位的騰蛇父上。

　　世位表面上是「酉戌相穿」，其實不是這樣，看看日辰「卯」木，是合世的，卯戌相合化火，火是兄爻，兄爻可劫財，故本年財運不佳。再者，上爻父化父，寅化酉是化進，酉金旬空，兼且卦身兩現，她對任何投資，必心大心細，俗語說：「船頭怕鬼，船尾怕賊。」正是她刻下寫照。

　　占財運，遇上此類卦象，獲利不會多，宜採用較保守的投資方案，以保本為上。

【實況】
　　Apple正處於半退休狀態，儲蓄了一筆錢，希望藉此投資，賺取生活使用。不過，不論投資物業或股票，她總是在簽約前改變決定，令投資告吹。

實例〔5〕

西曆：	2005	年		3	月		14	日
陰曆：	乙	酉	年	己	卯	月	丁	酉	日

占問：	悠悠 占 財運

得卦：	雷澤歸妹 (兌8) 化 風澤中孚 (艮7)

卦身：	申		旬空：	辰、巳

卦爻	六獸	六親	卦象	飛神		伏神		變卦	後六親	
上爻	龍	父	X	戌				卯	官	
			應							
五爻	玄	兄	X	申	身			巳	父	空
四爻	白	官	O	午		亥	子	未	兄	
三爻	蛇	父	\\	丑						
			世							
二爻	勾	財	\	卯						
初爻	朱	官	\	巳	空					

分析及推斷：

占財運，以財爻為用神，此卦財爻卯木坐月建，日辰酉金來沖，財運必生波動。世持螣蛇父爻丑土，受日月剋洩，可以推斷，悠悠正為金錢而煩惱。青龍父爻為合約，在應交動，表示她將會遇上合約問題或租務麻煩。

四爻白虎官動，化未土兄爻，如果是自僱經營，必然虧損嚴重。

不知讀者有沒有留意，上卦三爻全動，動化後又全部回頭相合，這種情況，較為少見，而且卦身在兄爻，便帶出一個「財運滯礙」的訊號。

如果仔細去推斷，應位青龍父爻，化青龍官爻卯木，被日辰酉金沖動，是官非臨門的徵兆。提醒悠悠小心處理，避免觸發嚴重的官非糾紛。

【實況】

悠悠經營童裝，自搬進某商場後，生意大跌，損失慘重，曾要求商場提早解約，但不獲接受；及後，她索性關門，不再營業。一天，她經過商場，打算回舖取物件，卻發現自己的店舖前方，被鄰舖的貨物佔據，她即時拍下照片，並找律師商量，再跟商場交涉，最終，協議和解，提前解約。

實例〔6〕

西曆：		2016	年		5	月		9	日
陰曆：	丙	申	年	癸	巳	月	辛	卯	日
占問：	James 占 財運								
得卦：	地雷復 (坤2) 化 坎為水 (坎1)								
卦身：	子			旬空：	午、未				

卦爻	六獸	六親	卦象	飛神		伏神			變卦	後六親
上爻	蛇	子	\\	酉						
五爻	勾	財	X	亥					戌	官
四爻	朱	兄	\\	丑						
			應							
三爻	龍	兄	\\	辰						
二爻	玄	官	X	寅		巳	父		辰	官
初爻	白	財	O	子	身				寅	子
			世							

分析及推斷：

James坐初爻，持白虎財爻子水，已有破財迹象。應兄爻丑土合世，合化後亦是兄爻，「財」有先得後破的徵兆。財爻子水更被日辰「卯木」所刑，進財相當困難。由於卦身自持，他當然不甘受制，所以化出子爻寅木，希望找到新的生財門路，藉此改善自己的財政狀況。

另一財爻亥水，動化勾陳官爻戌土，勾陳為專業，他想用自己另一方面的專長，來賺取金錢，但是，官爻戌土又被日辰「卯木」合去，一切都沒法實現。因此，二爻玄武官爻動化，自官化官，帶出他内心的不安與無奈，在進財不穩的情況下，一切都難於言表！

【實況】

James是自僱人士，有自己公司，2016年已過了一半，他一張訂單還未接到，所以他感到有點徬徨無助。

實例〔7〕

西曆：	2005		年		7	月		10	日
陰曆：	乙	酉	年	癸	未	月	乙	未	日
占問：	B仔 占 秋季 (申、酉、戌) 財運								
得卦：	雷山小過 (兌7) 化 雷天大壯 (坤5)								
卦身：	卯				旬空：		辰、巳		

卦爻	六獸	六親	卦象	飛神		伏神			變卦	後六親	
上爻	玄	父	\\	戌							
五爻	白	兄	\\	申							
四爻	蛇	官	\	午		亥	子				
			世								
三爻	勾	兄	\	申							
二爻	朱	官	X	午		卯	財	身	寅	官	
初爻	龍	父	X	辰	空				子	財	
			應								

分析及推斷：

用易卦占一季財運，其實內裡可包含「每季」和「每月」兩方面的財運走勢。簡單來說，本卦及其變化，是推斷一季的得失，當加入月支，便會出現不同程度的財帛變化。

現在先分析「秋季財運」：

世持午火官爻，日月來合，使官爻旺極，造成一道火牆，令伏神「子爻」亥水，更難出伏；另一方面，財爻失去原神「子爻」的支援，等如失去助力，更差的是，財爻同樣伏而不出。幸好，應位青龍父爻發動，化出財爻子水，回頭沖世，令財源不致斷絕。

以秋季來說，B仔的財運，定必虛弱無力。若是受僱人士，問題尚算不大；如是自僱人士，就要留意財政用度，避免出現收支不平的情況。

「每月財運」分析：

申月財運：申金沖動朱雀官爻，又生初爻青龍財爻子水，求財不但費唇舌，而且收入微薄。

酉月財運：酉金可生青龍財爻，但同時反剋世爻午火，必然增加財政方面的壓力。

戌月財運：戌土剋子水財爻，財運進一步轉差。

【實況】

B仔是一人公司的老闆，申、酉兩月，只接到一些零碎訂單。戌月更差，呆了整個月仍沒有收入。

實例〔8〕

西曆：	2009		年		6	月		4	日
陰曆：	己	丑	年	己	巳	月	庚	辰	日
占問：	文先生 占「庚午月」財運								
得卦：	水地比 (坤8) 化 水雷屯 (坎3)								
卦身：	申			旬空：	申、酉				

卦爻	六獸	六親	卦象	飛神		伏神		變卦	後六親
上爻	蛇	財	\\	子					
			應						
五爻	勾	兄	\	戌					
四爻	朱	子	\\	申	身空				
三爻	龍	官	\\	卯					
			世						
二爻	玄	父	\\	巳					
初爻	白	兄	X	未				子	兄

分析及推斷：

占算某月份的財運，應以該月的月支為重，因在判卦時它起的作用特別大。

占財運，世應財官相對，而且是財生官，看上去是個不錯的組合。無奈的是，兩者竟成「子卯相刑」，凡刑者，定得財不易。財爻除了受刑，也受日剋，配螣蛇，進財必細且慢。

這支卦是占「庚午月」財運，所以要看「午」火對整支卦會不會造成影響？若有，其影響是好還是壞。看，「午」火正沖向財爻「子」水，財爻受刑受剋，已呈弱勢，這一沖，便將財爻沖破，因此，午月宜守不宜進，務求平安度過。

初爻發動，正好呼應財爻遭破的意象，白虎兄化兄，子未合成「子未害」，這是一個破財陷阱，項目越大，損失更大。

從卦身落入旬空的子爻上來看，財爻已失去支援，進一步推斷，文先生將遇上一個財運破散的午月。建議他在農曆五月內，避免有大項目的投資決定，否則必招至極大損失。

【實況】

文先生經營工程公司，承接大規模的裝修工程，他說風險很高，若計算錯誤，一切損失，由自己承擔。

實例〔9〕

西曆：	2002		年		9	月		7	日	
陰曆：	壬	午	年	己	酉	月	戊	寅	日	
占問：	A 小姐 占 財運									
得卦：	天火同人 (離8) 化 天雷无妄 (巽5)									
卦身：	寅			旬空：		申、酉				
卦爻	六獸	六親	卦象	飛神		伏神		變卦	後六親	
上爻	朱	子	＼	戌						
			應							
五爻	龍	財	＼	申	空					
四爻	玄	兄	＼	午						
三爻	白	官	O	亥				辰	財	
			世							
二爻	蛇	子	＼＼	丑						
初爻	勾	父	＼	卯						

分析及推斷：

占財運，財爻不入世應兩位，無論怎樣攪盡腦汁，錢財的去留，總是不在自己的掌控範圍之內。

這支卦，應來剋世，又有錢財難得的意象。世在三爻，持白虎官爻亥水，月建來生，官爻有力，A小姐的進取心，十分熾熱，並不懼怕眼前的難題，決意往前衝，因此，世爻動化，化出財爻辰土，心中追求金錢的慾望，已昭然若揭。問題在於她能否如願以償，便要進一步去分析。

不少朋友認為，世爻化出財爻，是個理想的訊號，誰不知是白虎臨財爻，有「財落白虎，破敗收場」的說法。這個說法，古今皆驗，同時，財爻辰土，回頭沖應位之戌土子爻，子爻是開創項目，也是財爻原神，她希望投入「辰土」的金錢，去開創一個「戌土」回報的項目，若衡量兩者的銀碼，「戌」比「辰」大得多，當然化算。

問題是，應位子爻戌土，本已被日辰所剋，又被月建所穿，早已陷入虛弱狀態，再被辰土回頭一沖，便即時崩潰，求財美夢，化作一縷輕煙，隨風而去！

卦有「無故勿空」的說法，本卦青龍財爻申金旬空，已有暗示，是錢財落空的意象。問財運，當然是一場歡喜一場空！

【實況】

A小姐響應政府環保政策，從事廢紙回收生意，先投入資金，設置工場，後申請政府資助。不過，申請最終不獲批准。

實例〔10〕

西曆：	2002		年		12	月		27	日	
陰曆：	壬	午	年	壬	子	月	己	巳	日	
占問：	楊先生 占 財運									
得卦：	坤為地 (坤1) 化 水地比 (坤8)									
卦身：	亥			旬空：		戌、亥				
卦爻	六獸	六親	卦象	飛神		伏神		變卦	後六親	
上爻	勾	子	\\	酉						
			世							
五爻	朱	財	X	亥	身空			戌	兄	空
四爻	龍	兄	\\	丑						
三爻	玄	官	\\	卯						
			應							
二爻	白	父	\\	巳						
初爻	蛇	兄	\\	未						

分析及推斷：

世應卯酉相對，六沖暗動，求財計劃，已一一展開。由於是勾陳對玄武，這個求財行動，可被納入偏財之列。

世在上爻，開始時，楊先生懷着雄心壯志，誓要創出一片新天地。世間事，是否跟著人的意欲去發展？我們沒法得知，但是，若從卦象的結構，我們也可推斷事情的發展與結局。

楊先生世持勾陳子爻，酉金失令，日辰巳火來剋，他的火熱雄心，他的雄雄壯志，和他的開創能力，都一一的被壓下去。他表現出來的雄心與壯志，只是一種姿態、一種堅持而已。

應位官爻卯木，月刑日洩，正好呼應世爻狀況。求財，會不會有點兒妙想天開呢？

看看用神財爻，卦身所在，落入旬空，縱有一番投資搞作，也只會空手而回。更糟的是，化戌土兄爻旬空，成「自空化空」的不良結構，問財運，必然遇上巨大損失，再看白虎父爻值日，已知沒法回頭！推斷損失，應過千萬。

若為朋友占卜時，遇上這類卦，應勸對方，盡快減少投資，以手持現金為宜。

【實況】

2002年初，楊先生得到日本朋友支持，籌集四千多萬港圓，投資物業市場，2003年，「沙士」疫情爆發，樓市大跌五至六成，他們損失慘重。

【六】占「生意」

很多人都夢想成立自己的公司,經營自己的品牌。為了達到目的,他們都拋下不少金錢和汗水,不過,許多時候,結局總是令人感到心酸與無奈!有時,甚至令人意志消沉,從此一蹶不振。尤其是初次經商的朋友,經驗不足,沒有計劃、也沒準備,只憑一股傻勁去闖,自然四處碰壁,最終生意失敗,不但賠上所有,還欠下巨債,更糟的是,拖累親人,禍及好友。面對這個殘局,不論他們有多麼堅強,心底信念,都會頃刻崩潰。

人到絕望時,總刻意地把自己收藏起來,換取片刻寧靜。他們躲進暗角,瑟縮而坐,身體不斷抽搐,心慢慢在滴血,閉上的眼睛,兩邊眼角,不期然流下兩行淚水!

生意失敗,原因很多,對經營者而言,總離不開資金不足和管理不善兩大原因。根據統計,經營一盤生意,頭三年是高風險期,十居其九,都在市場中無聲無息地消失,能成功渡過,站穩陣腳的公司,真是屈指可數。

大部分占生意的人士仍在經營中,此刻,他們心裡最想知道的,就是這盤生意,能否繼續營運下去?若可以,它能否為他們帶來豐厚的回報呢?

一般人認為,做生意一定賺大錢,口袋裡滿是鈔票,並有用不完的財富,這都是一廂情願的想法。其實,做生意是一門很高風險的投資,尤其是在今天的香港,租金貴、人工高、競爭大、

利潤微。不信，留意你們身邊那些做生意的親朋好友，有多少個看起來是神采飛揚？有多少個說起話來句句鏗鏘有力？又有多少個言談舉止信心十足，不時搶著賬單來付款呢？看清楚一點，他們大部分都氣色暗淡，雙目欠神，言談間，還刻意將兩邊嘴角繞起，擠出笑容，營造風光的模樣。相信他們每個人的背後，總有幾段不堪提的慘痛經歷，令他們多年來的努力，都付諸流水。為了個人面子，在人前只好裝作若無其事罷了！

有時，人生也很奇怪，愛好平淡生活的人，卻遇上機緣，走上經商之途；有人窮半生努力，聚積金錢，圖圓老闆美夢，但在起步之時，湧現重重關卡，始終未能展開步伐；或開始後，又遇上種種制肘，令當事人進退失據，失敗收場。命運的播弄，有時真的很無奈，也很滑稽！

表面上，經營生意，以金錢作主導，俗語說「無財不行」，凡事以利益先行，也算合理。占「生意」，本以官爻為用神，經多年的印証，除了大機構特別注重用神外，其餘中小企業，財爻的好壞，有時比官爻更重要。財爻的強弱，既可反映公司的現金流動，也可顯示其利潤多寡。所以，在象數易中，問生意，最喜財旺剋世，即財找我，既然是剋，總帶辛勞，點解？例如你接了一張過千萬的訂單，利潤微薄，怎不教你小心地安排資金、物料、生產、品質控制等各種事項，而當中辛勞與擔憂，旁人是沒法理解和體會的。

占「生意」之六親代表

說來說去，六親不外是父、兄、子、財、官和自己，在「生意」的課題上，應怎樣去演繹它們？讀者可參考下列分析。

〔父母爻〕

父母爻代表老闆位置，又是客戶，也是訂單合同。看六獸的配合，便有不同的變化。

父爻配青龍：青龍父爻是大客戶，又是銀碼大的訂單。

父爻配朱雀：客戶有很強的議價能力，或接單過程，費盡唇舌。

父爻配勾陳：客戶本身是專才，具有某種技能，深明業務竅門，不易應付。

父爻配螣蛇：客戶手段了得，明知訂單沒有利潤，也甘心為他服務。

父爻配白虎：客戶做事決絕，話一便一，話二便二，永不拖泥帶水。對著這類顧客，要順著他的意旨行事，否則，他們稍有不滿，便會翻枱離場。

父爻配玄武：客户心性陰沉，城府極深，又錙銖計較，總喜攪東攪西，尋求更大的利益，俗語說：「石頭也被揸出血來」，便是這類客人，跟他們做生意，如食雞肋。

〔妻財爻〕

財爻主要看生意的流量及盈利。財爻失令，生意便不如前，資金周轉欠順，假使父爻旬空，可推斷是訂單不足，導致入不敷支，財政緊絀的情況。

財爻配青龍：業務興旺。青龍為遠方，可經營跨國企業或跟外國人打交道。四庫臨青龍財爻最好，財來有方且巨大。

財爻配朱雀：進財必費唇舌。

財爻配勾陳：以專業技能求財。

財爻配騰蛇：財爻旺相，可憑手腕進財；財爻受制，進財緩慢，若財爻太弱，主週轉不靈。

財爻配白虎：不論財爻旺弱，財大但難留。

財爻配玄武：財來不顯，或當事人費盡心思，謀取財富。

〔官鬼爻〕

官爻為用神，亦主名聲。官爻乘旺，在行內有名聲，自然多客戶前來光顧，若官爻失勢，名聲不顯，或主惡名。譬如品質差勁，服務態度惡劣，貨期失準等等，都會影響公司聲譽。最理想的配搭，一定是青龍官爻當旺，聲名遠播，今天的跨國企業，相信是這個組合。

官爻配青龍：公司聲名遠播。

官爻配朱雀：以口碑帶來業務。

官爻配勾陳：以專業建立公司形象。

官爻配螣蛇：宜運用公關技巧，推廣業務，或主公司發展緩慢。

官爻配白虎：生意宜帶刑剋性質，如物業管理、屠宰、燒臘、金屬器具等。

官爻配玄武：宜從事投資、金融、娛樂性質等業務。

〔子孫爻〕

　　子爻剋制用神官鬼，但是它是財爻的原神，子爻旺相，財源便滾滾而來。若世持子爻得令，當老闆的，難免辛勞，又不能享受生活。例如，某君坐擁萬億又如何，卻無餘暇陪家人吃一頓晚飯。

　　若子爻受制於日辰或月建，求財會局限於一方，只要財爻有力，經營的生意，還是不錯的。

　　子爻配青龍：受到政策的限制，公司發展受阻。

　　子爻配朱雀：公司正面對輿論壓力。

　　子爻配勾陳：公司在沿用的制度下運作。

　　子爻配騰蛇：業務受種種不利因素困擾。

　　子爻配白虎：嚴苛的政策或制度，扼殺了業務發展。

　　子爻配玄武：不成文的規矩或做法，妨礙公司發展的方向。

〔兄弟爻〕

經營者最不想見到的爻辰是「兄爻」，兄爻的意象，主阻隔、失敗、破財、困頓、失意等。

兄爻配青龍：公司財政困頓，仍然要擺出風光的外殼。

兄爻配朱雀：因是非破財，或常常呻窮。

兄爻配勾陳：雖親力親為，也是足襟見肘。

兄爻配螣蛇：既窮又懶，生意難以繼續維持。

兄爻配白虎：主大破財，有時是先得後破，不過，最終破的比得更多。

兄爻配玄武：玄武困弱，易行偏及使詐。

占生意，以官爻為用神，財爻為輔。

生意實例

實例〔11〕

西曆：	2011		年		8	月		27	日
陰曆：	辛	卯	年	丙	申	月	甲	寅	日
占問：	梁先生 占 生意								
得卦：	巽為風 (巽1) 化 天風姤 (乾2)								
卦身：	巳			旬空：		子、丑			

卦爻	六獸	六親	卦象	飛神		伏神		變卦	後六親
上爻	玄	兄	\	卯					
			世						
五爻	白	子	\	巳	身				
四爻	蛇	財	X	未				午	官
三爻	勾	官	\	酉					
			應						
二爻	朱	父	\	亥					
初爻	龍	財	\\	丑	空				

分析及推斷：

〔生意類別〕

　　官爻持勾陳，勾陳屬田土，而世配玄武，帶偏門及投機性質。應該從事帶投機性質的物業投資，或炒賣土地。

〔生意得失〕

◆　梁先生世坐兄爻卯木，日辰拱扶，可知他此刻的經濟狀況，是多麼不濟，或多麼阻滯！應持勾陳官爻酉金，得助於月令，沖剋世卯木兄爻，可想而知，他經營的生意，正為他帶來很大壓力。

◆　四爻交動，螣蛇財爻未土化官爻午火，他希望多方面發展，注資其它項目，因午火回頭合「未」，相合化火，既合且生，投資是長線的，資金會被鎖著，從卦象推斷，午火欲回頭破應酉金官爻，暗示新項目的投資，有機會拖跨他經營中的生意。

◆　卦身落在五爻之白虎子爻巳火上，梁先生需要開發財源，支持項目發展，可惜月建申金合巳化水，水是父爻，合中有刑，開創財源之路頓失。

【實況】

　　梁先生是內地人，從事購農地，建廠房，放租售等業務。很多時候，他同時進行多個項目。近期國內政策改變，銀根收緊，致令他原有的計劃，出現資金不足問題。

實例〔12〕

西曆：	2011		年		2	月		1	日
陰曆：	庚	寅	年	己	丑	月	丁	亥	日
占問：	黃小姐 占『辛卯流年』生意								
得卦：	地火明夷 (坎7) 化 雷火豐 (坎6)								
卦身：	酉			旬空：		午、未			

卦爻	六獸	六親	卦象	飛神		伏神			變卦	後六親
上爻	龍	父	\\	酉	身					
五爻	玄	兄	\\	亥						
四爻	白	官	X	丑					午	財	空
		世								
三爻	蛇	兄	\	亥		午	財	空		
二爻	勾	官	\\	丑						
初爻	朱	子	\	卯						
		應								

分析及推斷：

〔生意類別〕

官爻持白虎，業務帶金屬性質。

〔生意得失〕

◆ 黃小姐世持白虎官爻丑土，而應持朱雀子爻卯木，「辛卯流年」，子爻強旺來剋世，經營自然困難。如何困難？看看財爻，伏且空，便知生意不理想，毛利亦低。

◆ 面對惡劣環境，她求變，世化午火財爻，得太歲生旺，雖空不空，但卻成「丑午害」結構。按卦象，辛卯年立春後，生意轉差，勉強去做，只會賠上金錢和時間。

◆ 卦身在青龍父爻，父爻為客戶，卦身所在，她一心一意服務這客戶，但被太歲來沖，客戶自身亦有問題。世化午官，另有解說，午為桃花，若「午」被填實，可破父爻，也可判她為愛情而掉下這盤主意。建議黃小姐在『辛卯流年』，不要太進取，越進取越多損失。

【實況】

黃小姐從事五金行業。踏辛卯流年，材料價格不斷向上，而客人反要求降價，她經營困難，根本無利潤可言。在這期間，她結識了一名有婦之夫，終日吃喝玩樂，無心工作。

實例〔13〕

西曆：	2005		年		12	月		25	日	
陰曆：	乙	酉	年	戊	子	月	癸	未	日	
占問：	K先生 占 生意									
得卦：	山風蠱 (巽8) 化 艮為山 (艮1)									
卦身：	寅			旬空：		申、酉				
卦爻	六獸	六親	卦象	飛神		伏神		變卦	後六親	
上爻	白	兄	＼	寅	身					
			應							
五爻	蛇	父	＼＼	子		巳	子			
四爻	勾	財	＼＼	戌						
三爻	朱	官	＼	酉	空					
			世							
二爻	龍	父	O	亥				午	父	
初爻	玄	財	＼＼	丑						

分析及推斷：

〔生意類別〕

　　官爻持朱雀，屬口舌求財的行業，酉金是桃花，帶異性色彩，應該是與異性有關的零售行業。

〔生意得失〕

◆　世持官爻酉金旬空，正值冬季，酉金退氣，這盤生意已今非昔比，K先生亦無心戀戰。

◆　應持白虎兄爻寅木，卦身所在，寅木正在進氣，正是五行反悔，木可剋世爻酉金，若是合作生意，必主被拍檔欺凌而招損失；如是獨資，則主經營困難。

◆　二爻父爻動，由亥水化午火，是化進，化出午火父爻破世酉金官爻，即所謂「午酉破」，以我推斷，這盤生只能維持至明年農曆五月（即陽曆六月），K先生便將它結業。建議K先生保持手上現金，另謀出路。

【實況】

　　K先生原與兩人合資經營服裝零售生意，太約在2005年8月，他發現拍檔賬目混亂，有穿櫃底之嫌，便與他們拆夥，獨自經管。及後，生意不佳，但又未達至嚴重虧損，不過，K先生已意興闌珊，無心經營，自己轉到澳門工作，將生意交給員工打理，並在考慮將這盤生意結束。

實例〔14〕

西曆：	2008		年		5	月		31	日	
陰曆：	戊	子	年	丁	巳	月	辛	未	日	
占問：	Amy 占 公司生意前景									
得卦：	地澤臨 (坤3) 化 地天泰 (坤4)									
卦身：	丑			旬空：		戌、亥				
卦爻	六獸	六親	卦象	飛神		伏神		變卦	後六親	
上爻	蛇	子	\\	酉						
五爻	勾	財	\\	亥	空					
			應							
四爻	朱	兄	\\	丑	身					
三爻	龍	兄	X	丑	身			辰	兄	
二爻	玄	官	\	卯						
			世							
初爻	白	父	\	巳						

分析及推斷:

〔生意類別〕

　　官爻配玄武,行業屬偏,亦帶娛樂色彩。卯木為吸引,再配合應勾陳的特別技能性質,具印刷、設計的性質傾向。

〔生意得失〕

◆　世持玄武官爻卯木,得應位亥水財爻來生,本來這盤生意,甚具發展潛力,但真是時也命也!月建巳火,沖掉亥水財爻,此刻卯木失時,原神失利,可以說是受制於時空,無法動彈。

◆　兩兄爻在間位,是為阻隔,算是財爻仍在,也難越丑土的厚厚高牆,去生旺官爻。兄主劫財,卦身所在,可以肯定斷,其生意不佳。再追查下去,見三爻青龍兄動,兄動求財,動化後又是兄,是求財而不可得的信息。

◆　父爻白虎值月,白虎主急、主破壞。訂單遭破壞,即接單不成。從整支卦分析,公司生意極差,要到入冬後,財爻轉旺,剋制父爻,情況才有所改善。

【實況】

　　此公司從事聖誕卡及生日卡設計等業務,自2008年起,生意一直走下坡。

實例〔15〕

西曆：		2002	年		8	月		8	日	
陰曆：		壬	午	年	丁	未	月	戊	申	日
占問：	Jet 占 公司生意									
得卦：	水天需 (坤7)									
卦身：	酉			旬空：		寅、卯				

卦爻	六獸	六親	卦象	飛神		伏神			變卦	後六親
上爻	朱	財	\\	子						
五爻	龍	兄	\	戌						
四爻	玄	子	\\ 世	申						
三爻	白	兄	\	辰						
二爻	蛇	官	\	寅	空	巳	父			
初爻	勾	財	\ 應	子						

分析及推斷：

〔生意類別〕

　　螣蛇屬火土，又生怪異，官爻化長生火，又是驛馬方，可能是轉口瓷器、精品或玩具等業務。

〔生意得失〕

◆　世持子爻坐日辰，想增加收入，先擴闊財源，由於世被兄爻所夾，生意利潤，必然微薄。

◆　世生應，為生出，Jet要每月貼錢，才能保持公司運作。

◆　所以日辰沖走官爻，變成螣蛇父爻，生意極差，為他帶來長期的困擾。

◆　問生意，官空財弱，已到了無法經營的地步。

【實況】

　　Jet經營玩具轉口生意，主攻南美市場，因為市場價格偏低，利潤微薄，收入沒法支付日常開支，因此他感到非常煩惱。

實例〔16〕

西曆：		2014		年		3	月		10	日
陰曆：	甲	午	年	丁	卯	月	庚		辰	日

占問：	陸先生 占 生意

得卦：	天水訟(離7) 化 天澤履 (艮6)

卦身：	卯		旬空：	申、酉

卦爻	六獸	六親	卦象	飛神		伏神			變卦	後六親
上爻	蛇	子	\	戌						
五爻	勾	財	\	申	空					
四爻	朱	兄	\	午						
			世							
三爻	龍	兄	\\	午		亥	官			
二爻	玄	子	\	辰						
初爻	白	父	X	寅					巳	父
			應							

分析及推斷：

〔生意類別〕

　　青龍是遠方，亥水官爻主流動，生意便指向物流、速運、貿易、轉口等外向性行業。

〔生意得失〕

◆　世持朱雀兄爻午火，月建卯木生，兄爻不利求財，朱雀又費唇舌。

◆　應臨白虎父爻，接單困難，更差的是，白虎父化父，寅化巳又是化進，情況只會越來越差。

◆　看看官爻潛伏，財爻旬空，已可推斷，其生意不佳，財政已陷入困境，每月入不敷出，造成壓力。

◆　面對經營環境不理想，又沒法抽身而退，筆者建議他採用薄利多銷的手法，爭取訂單，賺取基本的支出，等待營商環境轉好。

【實況】

　　近年全球經濟轉差，人民幣又不斷升值，導致轉口業務下降。陸先生的家品生意，亦大受影響。

實例〔17〕

西曆：	2016		年		6	月		10	日
陰曆：	丙	申	年	甲	午	月	癸	亥	日
占問：	麥先生 占 生意								
得卦：	天風姤 (乾2) 化 火風鼎 (離3)								
卦身：	午			旬空：		子、丑			

卦爻	六獸	六親	卦象	飛神		伏神			變卦	後六親	
上爻	白	父	\	戌							
五爻	蛇	兄	O	申					未	子	
四爻	勾	官	\	午	身						
			應								
三爻	朱	兄	\	酉							
二爻	龍	子	\	亥		寅	財				
初爻	玄	父	\\	丑	空						
			世								

分析及推斷：

〔生意類別〕

　　勾陳主專業，午火為艷麗，屬化裝、整容、矯形等行業。

〔生意得失〕

◆　世坐初爻，持玄武丑土父爻，可以肯定，他經營上，出現不少煩惱困擾。應午火官爻坐月建，卻與世爻成『午丑相害』，推斷他的煩惱，來自金錢問題，丑土旬空，一待沖空填實，問題立即浮現。

◆　二爻化長生青龍財爻，營業收入，既慢且少，是一盤表面風光的生意。

◆　問題癥結是五爻申金兄爻發動，化未土子爻，子爻有開創意味，它回頭合應官爻午火，成『午未相合』，合中帶刑，跟人合作，一拍即合，最終卻換來被拍檔剝削的命運。

【實況】

　　麥先生在商業區開設美容中心，每月開支龐大，開業初期，即遇上自由行新政策，來港人數大減，生意頗受影響；另一方面，聽聞他以特惠價，租用中心設備給相熟的同行，這無疑是貼錢給人做生意。

實例〔18〕

西曆：	2002		年		8	月		5	日
陰曆：	壬	午	年	丁	未	月	乙	巳	日
占問：	蕭先生 占 生意								
得卦：	火地晉 (乾7) 化 火水未濟(離4)								
卦身：	卯			旬空：		寅、卯			

卦爻	六獸	六親	卦象	飛神		伏神		變卦	後六親
上爻	玄	官	＼	巳					
五爻	白	父	＼＼	未					
四爻	蛇	兄	＼ 世	酉					
三爻	勾	財	＼＼	卯	身空				
二爻	朱	官	X	巳				辰	子
初爻	龍	父	＼＼ 應	未		子	子		

分析及推斷：

〔生意類別〕

　　朱雀官爻為口舌，巳火入驛馬位，應是銷售行業，而財爻勾陳卯木，產品可能與紡織或潮流飾物有關。

〔生意得失〕

◆　世持兄爻莫問財，蕭先生自己明白生意難做。世酉金兄爻，月生日尅，兄爻還有餘力，他求財的心不減。應位青龍父爻，大生意臨門，不過它成「子未相害」，生意背後，暗藏破財陷阱。

◆　二爻朱雀官爻，化辰土子爻回頭合世，對方擺出一個賺錢格局，請君入甕。

◆　配合世爻，卦身落在旬空的財爻上，明顯是假的財運，只要踏踏實實，便不會跌入對方預設的陷阱，造成損失。

【實況】

　　蕭先生經朋友介紹，結識上海某廠家，廠家每月入口特種布料五隻貨櫃，如蕭先生有興趣，可轉給他做代理，廠家願意付3%手續費，不過他要求180天數期，蕭先生十五十六，才找筆者替他占一卦。我曾勸他不要冒這個風險，然而看他的態度，他接受廠家建意的機會很高。自此再沒有他的消息，最終結局如何，不得而知，希望他大步跨過。

實例〔19〕

西曆：	2008		年		5	月		31		日
陰曆：	戊	子	年	丁	巳	月	辛	未		日
占問：	P小姐 占 生意									
得卦：	坎為水 (坎1)									
卦身：	亥				旬空：		戌、亥			
卦爻	六獸	六親	卦象	飛神		伏神		變卦	後六親	
上爻	蛇	兄	\\	子						
			世							
五爻	勾	官	\	戌	空					
四爻	朱	父	\\	申						
三爻	龍	財	\\	午						
			應							
二爻	玄	官	\	辰						
初爻	白	子	\\	寅						

分析及推斷：

〔生意類別〕

官爻配勾陳，是專門技能，世持螣蛇，具圓滑手腕，兩者結合，便是P小姐有一技之長，還要負責見客、應酬、接單等工作。

〔生意得失〕

◆ 世持螣蛇兄爻子水，在巳月，子水無力，螣蛇的纏繞和捆綁特性，被盡情發揮；與兄爻結合，特顯出經營上長期入不敷出的情況。

◆ 既然世應出現子午六沖暗動，沖世者是青龍午火財爻，她期望有大生意找上門，解其燃眉之急。無奈的是，財爻「午」火卻被日辰「未」土合去，午未合刑，收支沒法持續。

◆ 卦身不上卦，可主P小姐對這盤生意，已不甚留戀。靜卦旬空是機關，從官爻戌土旬空來推斷，她事業已失重心，有點茫茫然不知去向，若問前景，還要忍耐數月，待至丑月，沖開午未合，生意或許會有轉機。

【實況】：

P小姐經營設計連印刷的公司，以往，客人年頭必有訂單，2008年已過了兩、三個月，她苦無訂單，僅靠幾個熟客的零星訂單來維持，生意不足，沒法令這盤生意做到收支平衡！

實例〔20〕

西曆：		2008	年		8	月		19	日
陰曆：	壬	午	年	戊	申	月	己	未	日
占問：	占 R 公司生意								
得卦：	山風蠱 (巽8)								
卦身：	寅			旬空：		子、丑			

卦爻	六獸	六親	卦象	飛神		伏神		變卦	後六親
上爻	勾	兄	\	寅	身				
			應						
五爻	朱	父	\\	子	空	巳	子		
四爻	龍	財	\\	戌					
三爻	玄	官	\	酉					
			世						
二爻	白	父	\	亥					
初爻	蛇	財	\\	丑	空				

116

分析及推斷：

〔生意類別〕

　　玄武官爻酉金，禮品、金屬產品。

〔生意得失〕

◆　R公司世持酉金，月扶日生，業務發展穩定。

◆　問題看似在應位，寅木兄爻持卦身，生意好像十分被動，不
　　過月建沖破，不再受其影響。

◆　唯一問題，在青龍財爻受日辰未土相刑，是客人延遲繳付貨
　　款徵兆。

◆　經營尚可，不過要小心流動資金不足。

【實況】：

　　R公司經營禮品出口，2002年初，訂單略增，同時，客人付
款亦較以往遲，導致船期延誤。

【七】投資買賣

卜易古籍，提到偏財部分，總是輕輕帶過，並沒有深入解說。傳統上，不是在正職行業賺取的金錢，皆被圈入偏財之內。由於範圍太廣，古今習者，他們對偏財的定義，根本沒有一個清晰的概念。筆者寫易卦，除了參考古書古籍外，也累積了一定數量的卦例來印証。不過，來到偏財部分，仍恐不足，每每在落筆時，帶點猶疑，唯恐行文偏離卦意，令後學走遠！

古代行業狹窄，正財偏財，容易分別。現代工種繁多，許多時候，薪酬回報，混合了正財和偏財。舉例來說，推銷員的薪酬，除了底薪外，還有佣金部分，底薪是正財，佣金是偏財。所以，一般人弄不清「財」的定義，是可以理解的。

直至現在，對於偏財的占問，沒有一套完整的準則，筆者仍在摸索階段，因此，別對推斷的結果，抱有太大期望。若想提高它的準確度，還需要累積一定數量的例証，來做論據基礎。事實上，偏財所包括的範圍很廣，暫取投資、股票和賽事占卜三方面討論，與讀者分享研究經驗，藉此提高讀者對易卦的興趣！

《投資目的》

不論有錢或無錢，人人總有個想法，希望利用手上餘錢，做點投資，賺點回報，可以說是人之常情，無可厚非。不過，從投資中賺取的財富，既不可預期，也不可預計，故此類收入，通通被納入「偏財」之中。

基本上，「偏財」可分為「投資」和「投機」兩種。一般人對「偏財」概念，十分模糊，常常把「投資」與「投機」兩個層面混淆，若問他們兩者有什麼分別？他們只會搔搔頭，傻笑一下，答不上半句！其實，它們最大的區別，在於投資的策略取向。

「投資」屬低風險，而「投機」則是高風險。何解？「投資」是拿自己的資金去投資，期望增值財富，賺取穩定回報，當中沒涉及借貸成份，就算蝕光了，也不會出現負債情況；「投機」則不同，投機者多不務實，喜險中求勝，圖望在短期內，賺取暴利，如買期指、炒孖展、拋空賣空等。時來運到，當然可以賺個盤滿缽滿；但時去運退，樣樣敗走時，不到半天，可令人傾家盪產，甚致欠下巨債，永難翻身！

筆者認為投資無妨，但投機便要小心。不論投資或投機，都會扯到「財」與「利」兩點上。無「財」，一切無法起步；無「利」，幹來有何利益？最終，我們明白到，所有投資，來來去去，都是圍繞著一個「錢」字來轉，因此，不論投資也好、投機也好，先要清楚知道自己的財力，並要估算往後的回報，在最壞

的情況下，能否承擔得來？若不，不要強而為之，否則，只會未見其利，先見其害！

現代科技發達，任何人可通過電子渠道，容易取得投資數據及分析，這些資料，是不是一盞引路明燈？帶領投資者走向光明的大道，摘取豐厚的果實，筆者不太清楚，亦無法確定。資料或許有它的參考價值，不過不是每個人都懂得利用。

每個人都有自己的一套投資取向。有人喜歡分析數據，有人喜歡跟風買賣，有人喜歡聽從專家意見，也有人喜歡採用另類方法，只要找到正確的投資方向，任何一種方法，都是有效的方法。容許筆者大膽說一句，象數六爻分析，也是其中一種可行方法。人人可以借助六爻卦象，預測投資項目的吉凶及其回報。這樣，不但可以減低投資風險，也可以提高投資勝算。

《投資吉凶》

每項投資，成敗難料，既有成功的可能，也有失敗的危機；成功可以賺大錢，失敗可以輸身家。所以，投資者在投資前，必需弄清投資項目之利弊，莫因一時貪念，盲目跟風，陷入沒法挽回的局面，再無力東山再起！

用易卦來推斷吉凶，有一套基本的法則，如果讀者曾看過筆者第一本著作《象數易入門及推斷技巧》，應該明白推斷步驟，或許，新讀者還需要多一點時間來消化，不過不用太過擔心，這套判卦技巧，並不難學，留意卦例中的每步推進，要掌握當中竅門，指日可待。

在以下的分析中，筆者會簡述推斷原則，希望讀者概念清晰。

〈用神旺轉弱，回報差別大〉

占投資，以財爻為用神，財爻當旺，錢財不缺，尤其是它落在用事爻上，更是妙不可言！用神既可用來推斷投資回報，也可用來參看問事人的財富狀況。應怎樣去看？最簡單的方法，是根據用神的落點及其旺弱情況去推敲。文字敘述，易產生疑問，還是引用卦例說明，讓讀者更清楚明白。

卦例 - 〔用神在世，生扶當旺，投資獲利〕

占問：Ricky占投資A項目
得卦：澤雷隨（震8）

卦爻	六親	卦象	飛神	伏神
上爻	財	II 應	未	
五爻	官	I	酉	
四爻	父	I	亥	
三爻	財	II 世	辰	
二爻	兄	II	寅	
初爻	父	I	子	

巳月

午子 —— 生 ---→

值日 ---- 辰日

問事人財富：世持財爻辰土，四庫之一，月生日旺，不問而知，Ricky身家豐厚。

投資回報：應是投資情況，持財爻未土，同樣是月生日旺，回報當然不少。

卦例 -〔用神在世，受剋虛弱，投資失利〕

占問：Tommy占投資B項目
得卦：火雷噬嗑（巽6）

卦爻	六親	卦象	飛神	伏神
上爻	子	I	巳	
五爻	財	II 世	未	
四爻	官	I	酉	
三爻	財	II	辰	
二爻	兄	II 應	寅	
初爻	父	I	子	

卯
月

申
日

剋

洩

問事人財富：世持財爻未土，月剋日洩，外強中乾，府庫財空，Tommy家財，已今非昔比。

投資回報：應是投資情況，持兄爻寅木當令，又被日辰申金沖動剋世，兄主劫財，投資必然有損失。

卦例 一〔用神在應，旺相來剋，反而得利〕

占問：Peter占投資C項目

得卦：澤風大過（震7）

卦爻	六親	卦象	飛神	伏神
上爻	財	II	未	
五爻	官	I	酉	
四爻	父	I 世	亥	午子
三爻	官	I	酉	
二爻	父	I	亥	寅兄
初爻	財	II 應	丑	

剋

助 ---- 辰 月

助 ---- 辰 日

問事人財富：世持父爻亥水，失令兼月日來剋，手上資金不多。

投資回報：用神臨應，財爻得月日助旺，剋世而來，有謂「財來剋我，大財臨門」，表示Peter的投資過程，忐忑不安，但終獲豐厚回報。

卦例 －〔用神在應，臨弱來剋，徒具虛名〕

占問：Ann占投資D項目

得卦：風天小畜（巽2）

卦爻	六親	卦象	飛神	伏神
上爻	兄	I	卯	
五爻	子	I	巳	
四爻	財	II	未	
		應		
三爻	財	I	辰	酉官
二爻	兄	I	寅	
初爻	父	I	子身	
		世		

剋 寅月
剋 卯日

問事人財富：世持父爻子水，被月洩日刑，不主身家豐厚；持卦身，自主力強。

投資回報：用神臨應，財爻受剋變弱，剋世無力，兼成「子未相害」，屬投資受騙的結構，或可稱之為「糖衣陷阱」。

卦例 一〔用神在身，日月生旺，寄望甚殷〕

占問：Apple占投資E項目
得卦：坤為地（坤1）

卦爻	六親	卦象	飛神	伏神
上爻	子	II 世	酉	
五爻	財	II	亥身	
四爻	兄	II	丑	
三爻	官	II 應	卯	
二爻	父	II	巳	
初爻	兄	II	未	

生 ----- 申月

扶 ----- 子日

問事人財富：世持子爻酉金，月生日洩，搵錢能力強，雖不是巨富，卻不愁生活。

卦身主寄望：卦身在用神，亥水得生得扶，對投資回報，充滿憧憬。

投資回報：應爻卯木，受刑受剋，回報必差，這是事與願違的卦象。

卦例　－〔用神在身，日月剋害，夢想成空〕

占問：Roy占投資F項目
得卦：火天大有（乾8）

卦爻	六親	卦象	飛神	伏神
上爻	官	I 應	巳	
五爻	父	II	未	
四爻	兄	I	酉	
三爻	父	I 世	辰	
二爻	財	I	寅身	
初爻	子	I	子	

午
月

洩

申
日

剋

問事人財富：世持父爻辰土，月生日洩，進財穩定，可運用自如。

卦身主寄望：卦身在用神，寅木受剋受洩，財爻呈弱，擔心投資的回報。

投資回報：應爻巳火，被日辰所合，「巳申刑合」，損手不免，真不提也罷！

〈用事爻見六害、破大財跟著來〉

見「六害」臨用事爻，不要逞強，妄作投資，必遇上嚴重損失。

卦例 —〔酉戌相穿，損失極大〕

占問：Ling占投資G項目
得卦：雷風恒（震4）

卦爻	六親	卦象	飛神	伏神
上爻	財	II 應	戌 ┐	
五爻	官	II	申 │ 相	
四爻	子	I	午 │ 穿	
三爻	官	I 世	酉 ┘	
二爻	父	I	亥	寅兄身
初爻	財	II	丑	

- 占投資，世應成酉戌穿，必遭信任的人出賣而招致極大損失。

卦例　-〔子未相害，糖衣陷阱〕

占問：Wing占投資H項目

得卦：火地晉（乾7）

卦爻	六親	卦象	飛神	伏神
上爻	官	I	巳	
五爻	父	II	未	
四爻	兄	I 世	酉	
三爻	財	II	卯身	
二爻	官	II	巳	
初爻	父	II 應	未	子子

相害

- 占投資，世或應成子未害，當事人易跌入他人預設的投資陷阱。

卦例 一〔午丑相害，貪財招損〕

占問：Ming占投資I項目
得卦：地風升（震5）

卦爻	六親	卦象	飛神	伏神
上爻	官	II	酉身	
五爻	父	II	亥	
四爻	財	II	丑	午子
		世	└ 相害 ┘	
三爻	官	I	酉身	
二爻	父	I	亥	寅兄
初爻	財	II	丑	
		應		

- 占投資，世或應成午丑害，當事人因貪心而作出錯誤投資，最終招致損失。

除了上述的不良結構外，讀者亦要留意下列兩種情況：

1〉相生不一定吉，相刑不一定凶

世應財生官、子生財，都是較佳的卦象，投資回報亦理想，但是，如果是父生兄，跟「子生財」情況截然相反，兄爻受生，是投資破損的剋應；假使世、應、日辰三點，構成「丑戌未」三刑瓦解之局，若瓦解的爻辰不是子爻或財爻，反主吉利，何解？因為它們可能落在兄爻上，兄爻崩解，無人劫財，不是更好嗎？

2〉相剋不一定差，相合不一定佳

財爻受剋，投資當然不理想，如果受剋的爻辰是官爻、父爻或兄爻，那又不可相提並論了。不利投資的爻辰受剋制，投資反可順利進行，獲取豐厚的回報。

相合中，以辰酉、寅亥和卯戌三者為佳，見之，主投資獲利；若是午未、子丑或巳申，它們都是合中有刑，當事人不是衝動投資，便是投資錯誤，終需損失離場。

《回報大小》

投資講求回報，回報講求大小。市場變化莫測，任何投資，回報大小，很難預測；無可否認，高回報的項目，最能吸引投資者的目光，所謂「執輸行頭慘過敗家」，他們最怕錯失良機，錯過搵錢機會。依六爻飛神看銀碼大小，可以按三組支群來劃分，「子午卯酉」較小，「寅申巳亥」略增，「辰戌丑未」最大。

占投資，如果世、應、財爻等位置見「辰戌丑未」，回報銀碼應較其它投資為高。

卦例 －〔子午卯酉旺，回報一般〕

占問：偉基占投資J項目
得卦：地水師（坎8）

卦爻	六親	卦象	飛神
上爻	父	II 應	酉
五爻	兄	II	亥
四爻	官	II	丑
三爻	財	II 世	午 ◄------- 四桃花財爻
二爻	官	I	辰
初爻	子	II	寅

　　四桃花財爻，算是值月值日，投資回報，也有限度，不會無止境的增長。

卦例 一〔寅申巳亥旺，回報尚可〕

占問：振宇占投資K項目

得卦：地澤臨（坤3）

卦爻	六親	卦象	飛神	
上爻	子	II	酉	
五爻	財	II 應	亥	◄------- 四長生財爻
四爻	兄	II	丑身	
三爻	兄	II	丑身	
二爻	官	I 世	卯	
初爻	父	I	巳	

　　如亥水得令或日生，財爻旺相，由於財爻入四長生，回報緩慢但可持續。

卦例 －〔辰戌丑未旺，回報豐厚〕

占問：浩然占投資L項目
得卦：風火家人（巽3）

卦爻	六親	卦象	飛神	伏神
上爻	兄	I	卯	
五爻	子	I	巳	
		應		
四爻	財	II	未身	
三爻	父	I	亥	酉官
二爻	財	II	丑 ◄-------------- 四墓庫財爻	
		世		
初爻	兄	I	卯	

　　投資最喜遇四墓庫財爻，若得生旺，回報豐盛，如臨青龍，獲利龐大。

四墓庫大小排列：

若想將「辰戌丑未」細分，也是可以的，而且投資者可跟據其大小，制定其投資策略及方向。

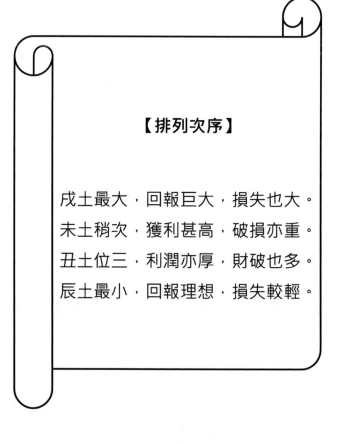

【排列次序】

戌土最大，回報巨大，損失也大。

未土稍次，獲利甚高，破損亦重。

丑土位三，利潤亦厚，財破也多。

辰土最小，回報理想，損失較輕。

銀碼與四庫之對比：

其實這個錢財對比，並沒有一條實質界線，來劃分它們的高低。我拿來作個對比，只是讓讀者有一個「概念」而已，讀者不用死守這個大小比例，否則，最終只會庸人自擾！

舉例來說，若以一百萬圓為基礎劃分，「辰戌丑未」可代表不同的銀碼大小。

戌土：一百萬

未土：七十五萬

丑土：五十萬

辰土：二十五萬

投資實例

實例〔21〕

西曆：		2014	年		3	月		30	日
陰曆：	甲	午	年	丁	卯	月	庚	子	日
占問：	程先生 占 投資								
得卦：	澤風大過 (震7) 化 澤山咸 (兌4)								
卦身：	卯			旬空：	辰、巳				

卦爻	六獸	六親	卦象	飛神		伏神		變卦	後六親
上爻	蛇	財	\\	未					
五爻	勾	官	\	酉					
四爻	朱	父	\	亥		午	子		
			世						
三爻	龍	官	\	酉					
二爻	玄	父	O	亥		寅	兄	午	官
初爻	白	財	\\	丑					
			應						

分析及推斷：

■ 占投資，以財爻為用神。

■ 世是程先生，坐四爻，有話事權。持朱雀亥水父爻，日辰拱扶，父爻當旺，再被上下官爻所夾所生，他應該受別人委託，主理投資。父爻主煩惱，朱雀主言語，此刻，他正為投資各事宜，費盡唇舌，煩惱不已！

■ 應是投資情況，臨白虎財爻丑土，白虎主破敗、崩解；財爻主金錢；丑土主大銀碼。這個結構，本身非常不利，又遇上日辰「子水」來合，子丑相合，合中有刑，是先得後失的破財卦象，按常理推斷，他一定未能取回投資的金錢及利潤。

■ 本卦有一爻發動，而且是重動，表示投資已開始了一段時間。重動化玄武午火官爻，玄武官爻，古代為小偷，現代是匪徒、行騙團夥。日辰沖起官爻午火，反剋世爻亥水，與應成「午丑相害」，金錢損失，在所難免。

■ 可以肯定，他投資的錢，如潑出去的水，永不回頭。

【實況】：

大約在2010年，程先生集資兩億港圓，投資歐洲證券市場，賬面獲利可觀，其後，股東要求結算，匯回所有資金，但是，對方借故拖延，更遭官方機構留難，當中原因，我不清楚，只知數年過去，一切停留在交涉之中，而資金去向，未有交代。

青龍

實例〔22〕

西曆:		2014	年		4	月		2	日	
陰曆:	甲	午	年	戊	辰	月	癸	卯	日	
占問:	BoBo 占 投資 (快餐店)									
得卦:	坎為水 (坎1) 化 風水渙 (離6)									
卦身:	亥				旬空:		辰、巳			
卦爻	六獸	六親	卦象	飛神		伏神		變卦	後六親	
上爻	白	兄	X	子				卯	父	
			世							
五爻	蛇	官	\	戌						
四爻	勾	父	\\	申						
三爻	朱	財	\\	午						
			應							
二爻	龍	官	\	辰	空					
初爻	玄	子	\\	寅						

分析及推斷：

■ 占投資，世應見六沖暗動，商談已展開。

■ 世是BoBo，坐正上爻，有一錘定音的氣勢。問題是，她持白虎兄爻，古有言，「世持兄爻莫問財」的說法，若依此點，今次投資，存在風險。

■ 應是投資店舖情況，持朱雀財爻，財爻資金，朱雀為商談。午火得日辰卯木生旺，商談的資金，說多不多，說少不少。

■ 全支卦，只有世爻在動，交動是指BoBo的未來動向，化出父爻，當然想事成，不過，世爻成「子卯刑」，她始終猶疑未決。為什麼？看化出的卯木，回頭生應午火財爻，這是生出，她害怕轉手後，出現虧蝕，需要長期貼錢經營。

■ 按卦象，世化白虎父爻，卯木值日，不宜投資，我勸她不宜妄動，否則，必生破損。

【實況】：

　　BoBo想買下朋友的快餐店，自己經營，頂手費為人民幣15萬圓，最後，她接受筆者意見，放棄投資。

實例〔23〕

西曆：		2013	年		5	月		25	日
陰曆：	癸	巳	年	丁	巳	月	辛	卯	日
占問：	明思占 合作投資 (開酸辣米線)								
得卦：	水雷屯 (坎3) 化 坤為地 (坤1)								
卦身：	未			旬空：		午、未			

卦爻	六獸	六親	卦象	飛神		伏神			變卦	後六親	
上爻	蛇	兄	\\	子							
五爻	勾	官	O 應	戌					亥	財	
四爻	朱	父	\\	申							
三爻	龍	官	\\	辰		午	財	空			
二爻	玄	子	\\ 世	寅							
初爻	白	兄	O	子					未	兄	身空

分析及推斷：

■ 占合作投資，仍以財爻為用神。

■ 世是明思，坐二爻，日扶月洩，有投資意欲，但信心不足。

■ 應是投資狀況，勾陳官爻戌土，戌土是大四庫，開店要用資金，對她來說，是一筆極大的數目。

■ 用神是午火財爻，既伏且空，明思資金不足，所以要找人合作，亦也是正常途徑。有了合作概念，應爻便動化亥水，回頭合世，這本是「寅亥」吉合，主問事必成，奈何月建巳火無情，將「寅亥」合局沖破，一切夢想，頃刻粉碎！

■ 為何結局會如此？看初爻白虎兄爻，化成「子未害」，卦身所在，明思擔心，若生意不好，除了蝕錢外，也可能損害友情，因此決定取消計劃。

【實況】：

　　明思是新移民，沒有專長，希望開設有家鄉特色的食店，她在西區找了合適舖位，月租五萬五千圓，初步計算，裝修、設備和租金上期，沒有三十萬，沒法開店，雖然有同鄉應承合作，她思前想後，還是不敢冒這個風險。

實例〔24〕

西曆：	2014		年		12	月		12	日
陰曆：	甲	午	年	乙	亥	月	丁	巳	日
占問：	方先生 占 投資 (#005 匯豐股票)								
得卦：	火山旅 (離2) 化 震為雷 (震1)								
卦身：	午			旬空：		子、丑			

卦爻	六獸	六親	卦象	飛神		伏神			變卦	後六親	
上爻	龍	兄	O	巳					戌	財	
五爻	玄	子	\\	未							
四爻	白	財	\ 應	酉							
三爻	蛇	財	O	申		亥	官		辰	財	
二爻	勾	兄	\\	午	身						
初爻	朱	子	X 世	辰		卯	父		子	父	空

分析及推斷：

■ 方先生坐初爻，欠信心，做事按規矩，投資免冒險，而世持子爻辰土，有開發財源的意欲，卻受伏神父爻卯木暗尅，雖得日辰來生，他對投資策略，難免格外小心翼翼，因此，他口袋的錢，要買股票，都會買藍籌股，因其安全穩陣，縱遇上股災，股值也不會全部被蒸發。

■ 世應「辰酉相合」，已知他決定買入匯豐股票，不過，用神臨應，財爻見白虎，已知匯豐前景，不太樂觀，將有下滑走勢。

■ 他決定是否正確？要從整體爻辰推敲。三爻財化財，申金化辰土，他希望將財富增值，不過辰土與世成「辰辰自刑」，已指出他決定有誤；上爻青龍兄動，巳化戌，是化入墓，國際炒家，暫不追捧，而戌土與應又成「酉戌相穿」，股價會逐步下調。

■ 開卦後，曾勸他忍忍手，靜待時機，但是，他見股價繼續攀升，升至HK$83才回落，他在HK$78.90入市，買入一萬股匯豐。

【實況】

方先生手上有一筆錢，買樓不夠首期，才決定買匯豐股票來收息，不幸地，他買入後，股價曾跌至HK$48.5，賬面上，損失很大。

實例〔25〕

西曆：		2012	年		8	月		24	日
陰曆：	壬	辰	年	戊	申	月	丁	巳	日
占問：	楊先生 占 投資 - 物業A								
得卦：	澤地萃 (兌3) 化 兌為澤 (兌1)								
卦身：	未			旬空：		子、丑			

卦爻	六獸	六親	卦象	飛神		伏神		變卦	後六親
上爻	龍	父	\\	未	身				
五爻	玄	兄	\	酉					
			應						
四爻	白	子	\	亥					
三爻	蛇	財	\\	卯					
二爻	勾	官	X	巳				卯	財
			世						
初爻	朱	父	X	未	身			巳	官

分析及推斷：

■ 世是楊先生，持勾陳官爻巳火值日，信心十足。

■ 應持玄武兄爻酉金，月建申金拱扶，實力亦不容忽視。玄武兄爻是炒家，楊先生想買物業A作投資，卻遇上職業炒家。世剋應，雖然楊先生仍作主導，但是他無法使炒家屈服。

■ 世爻交動，巳火化卯木，是化退，卯木再回頭沖應酉金兄爻，很明顯，他積極還價，圖望以最平的價格，購入物業。

■ 賣家企硬，沒落價空間，所以才出現卦身兩，楊先生暫時未能作出決定。

■ 初爻未父化巳官，待世卯財來生，雙方持續在價錢上拉据，最終沒有結果。

【實況】：

　　楊先生想買物業A，用來收租，但賣家不肯減價，最終買賣告吹。

實例〔26〕

西曆：	2014		年		12	月		9	日
陰曆：	甲	午	年	乙	亥	月	甲	寅	日
占問：	占問：馮先生 占 投資 - 項目W								
得卦：	火澤睽 (艮5) 化 雷水解(震3)								
卦身：	卯			旬空：		子、丑			
卦爻	六獸	六親	卦象	飛神		伏神		變卦	後六親
上爻	玄	父	O	巳				戌	財
五爻	白	兄	\\	未		子	財 空		
四爻	蛇	子	\ 世	酉					
三爻	勾	兄	\\	丑 空					
二爻	朱	官	\	卯 身					
初爻	龍	父	O 應	巳				寅	兄

分析及推斷：

■ 占投資項目W，馮先生必然想知道其進展情況。首先，要將各爻意象解開，才可了解實際環境。世是馮先生，持騰蛇子爻酉金，亥月失令，日辰反剋，雖坐四爻，卻失去話事權。

■ 兩父爻夾世，一在上爻，一在應位，它們有何意思？要逐一解釋。

　父在應位：青龍父爻，可以是此投資項目，也可以是主要持份人，巳火重動剋世，馮先生無力對抗，化出寅木兄爻值日，再回頭反剋。兄主破敗，引伸為投資失利。

　父在上爻：玄武父爻，玄武主計算，帶賊性，而父爻為持份人，同樣重動，最大問題，它化出戌土，並非巳火化入墓這麼簡單，而是跟世爻成為「酉戌穿」的不良結構，戌土回頭穿世，擺明是食他夾棍，起他尾注。

■ 卦身在二爻，朱雀官爻卯木得生得扶，官爻有力，他內心閃過恐懼，正好從用神中反映出來。

■ 用神財爻，伏於兄下，兼且旬空，馮先生所投資的金錢，相信已全部被蒸發或騙去。

【實況】：

　馮先生透過朋友，要求替他占一卦，卦象顯示，他受騙而損失所有投資。其後，追問朋友他的情況，說已聯絡不上他了。

實例〔27〕

西曆：	2012		年		5	月		19	日
陰曆：	壬	辰	年	乙	巳	月	庚	辰	日
占問：	翁先生 占 投資 - 餐飲車								
得卦：	地澤臨 (坤3)								
卦身：	丑			旬空：	申、酉				

卦爻	六獸	六親	卦象	飛神		伏神		變卦	後六親
上爻	蛇	子	\\	酉	空				
五爻	勾	財	\\	亥					
			應						
四爻	朱	兄	\\	丑	身				
三爻	龍	兄	\\	丑	身				
二爻	玄	官	\	卯					
			世						
初爻	白	父	\	巳					

分析及推斷：

■ 翁先生的投資，比較冷門，餐飲車的業務，在香港並不流行；現按卦象，推斷他是否適合去投資。世是翁先生，持玄武官爻，卯木失令，軟弱無力，他對這項投資，誠惶誠恐，懼怕出錯，遲遲未有決定。

■ 為什麼未有決定？便要找出其原因。投資要資金，要先看用神財爻的情況。用神入應，能生旺世官爻，本是理想配搭，無奈月建無情，「巳」火將財爻沖破，所謂「無財不行」，他正面對資金不足的壓力。

■ 因此，卦身落在間位兩個兄爻上，唯一方法，是找朋友合作，或找兄弟幫忙。能否解決，需看財根如何！財根「子爻」，陷入旬空之中，他連支援的力量也失去，事實上，翁先生跟本無力扭轉困局。

■ 人來問事，只要不涉及他人私隱，應和盤托出一切。怎樣選擇？應交回對方決定。按卦象推斷，現在不是他投資的適當時候。

【實況】：

翁先生聽從勸告，放下投資餐飲車項目，避過破產的結局。

實例〔28〕

西曆：		2016	年		2	月		24	日	
陰曆：	丙	申	年	庚	寅	月	丙	子	日	

占問：	郭小姐占投資-買地									

得卦：	澤火革 (坎5) 化 水火既濟 (坎4)									

卦身：	卯			旬空：	申、酉					

卦爻	六獸	六親	卦象	飛神		伏神			變卦	後六親	
上爻	龍	官	\\	未							
五爻	玄	父	\	酉	空						
四爻	白	兄	O	亥					申	父	空
			世								
三爻	蛇	兄	\	亥		午	財				
二爻	勾	官	\\	丑							
初爻	朱	子	\	卯	身						
			應								

分析及推斷:

■ 郭小姐想在新界買地,作為長期投資,是否如願以償,且看
卦象如何?郭小姐世持白虎兄爻,兄爻亥水,日辰子水助
旺,買地的意欲很強,重爻動,化出父爻申金,被月建寅木
沖實,要當地主,是她最終目標。不過,白虎父爻,是投資
不成的卦象。

■ 卦身在應,買地過程,處於被動。應持朱雀子爻,卯木受日
辰子水所刑,令她進不是,退也不是。

■ 造成她進退失據的情況,主要是兩官爻夾世剋世,來剋的是
四庫爻辰,必然地價超高,令她沒法承受。

■ 用神財爻伏在強旺兄爻之下,表示購買力已失,無法進行這
買地投資方案。

【實況】:
　　至今還未收到郭小姐回覆,她是否擱置了這買地投資的計
劃。

實例〔29〕

西曆 :		2015	年		12	月		4	日
陰曆 :	乙	未	年	丁	亥	月	甲	寅	日

占問 :	Sunny占 與 投資 – 股票 (#8079 易還財務)								

得卦 :	風地觀 (乾5)								

卦身 :	酉		旬空 :		子、丑				

卦爻	六獸	六親	卦象	飛神		伏神			變卦	後六親
上爻	玄	財	\	卯						
五爻	白	官	\	巳		申	兄			
四爻	蛇	父	\\ 世	未						
三爻	勾	財	\\	卯						
二爻	朱	官	\\	巳						
初爻	龍	父	\\ 應	未		子	子	空		

入貨價:HK$0.47(每股)

分析及推斷：

■ Sunny閒來無事，想看看自己運氣，他挑選了一隻股票-易還財務（8079）來玩玩。入貨前，開了一支卦來研究。世是Sunny，應是「易還財務」的預測。

■ 世持父爻未土，雖失時令，但財爻卯木，夾世來剋，正是財來剋我，必有所獲。

■ 應同樣持父爻未土，不過多了個伏神「子水」子爻，構成一個非常惡劣的「子未害」，由於子水旬空，反不成害，不害而見青龍，便成「青龍父爻」的喜慶意象，是投資得利的剋應。

■ 衡量投資回報的大小，要看用神財爻地支，卯木不屬四庫，又不入世、應、卦身等位置，其象徵意義大於實利。財爻要動，才能得財，注意卯日或酉日，可能是出貨日子。按卦象，這股票可投資，不過不要期望有可觀回報。

【實況】：

　　Sunny以每股HK$0.47買入一萬股「易還財務」，其後走勢，徘徊向下，至12月11日（戊子月辛酉日），突破買入價，他全數以HK$0.54售出，扣除費用，獲利大約HK$500。

實例〔30〕

西曆：	2016		年		5	月		27	日
陰曆：	丙	申	年	癸	巳	月	己	酉	日
占問：	施先生 占 投資 - 海外某物業								
得卦：	地風升(震5) 化 水風井 (震6)								
卦身：	酉			旬空：	寅、卯				

卦爻	六獸	六親	卦象	飛神		伏神		變卦	後六親
上爻	勾	官	\\	酉	身				
五爻	朱	父	X	亥				戌	財
四爻	龍	財	\\ 世	丑		午	子		
三爻	玄	官	\	酉	身				
二爻	白	父	\	亥		寅	兄	空	
初爻	蛇	財	\\ 應	丑					

分析及推斷:

■ 施先生手上有一筆現金,想投資海外物業,用以收租養老。遂要求筆者為他占一卦,替老朋友解難,當然義不容辭。世應同是丑土財爻,施先生應該是個相當穩陣的退休人仕,手上有多少錢,就買多大的樓房。再看下去,世應皆被日月合著,成為「巳酉丑」三合之局,遇上這種情況,此物業還有其他人有興趣購買。

■ 世位下,伏了個午火子爻,跟世丑土,構成「午丑害」的暗損,推斷樓價,可能已超出他的預期,因此,才會有卦身兩現,令他舉棋不定。

■ 要解釋世位之「午丑害」,應從五爻着手,朱雀父爻亥水發動,業主必諸多要求,化戌土財爻,既回頭刑世刑應(丑戌刑),也穿兩個卦身(酉戌穿),正是一雞四味,刑穿齊來。

■ 回覆他,按卦象推演,這物業是購買不成的。

【實況】:

兩星期後,收到施先生whatsApp短訊回覆,該物業以高價出售,跟他低線,超出差不多十萬澳圓,他只有望屋輕嘆!

【八】賽事占卜

卦的應用很廣，拿來作遊戲玩樂，倒是不錯。在香港，賽馬娛樂是不少人的減壓劑，他們在馬匹衝線前的吶喊叫囂，將內心的鬱悶與不快，一吐而空；站在中醫角度，叫喊有「疏肝」功效，所以多叫多喊，實在對身心有益！

賽事占問，俗稱「卜馬」。寫這個專題，沒有什麼目的，只希望從學術角度，探討六爻的可用性；另一方面，也想讓讀者知道，占卜不是一門沉悶術數，亦有其活潑一面，除了問正經事項外，也可占比賽賽事。「卜馬」是其中一項，不論推斷準與不準，人人學得開心，個個占得過癮；同時，讀者從遊戲過程中，緩和緊張的生活，宣洩內心情緒，讓人輕鬆起來，活得開心自在。

世界上有很多種人，人人興趣不同，有些喜歡唱歌，有些喜歡看戲，有些喜歡跳舞，有些喜歡賭博，所謂各式其式，而你，又會是哪一類？

一般人認為，「卜馬」會鼓吹賭博，遺禍很大，不應鼓吹云云！其實，任何嗜好，過於沉迷，亦不是好事。年青人玩網上遊戲，本不是壞事，但玩得過度，為了增強戰鬥力，竟借錢來買點數，以致泥足深陷，沒法償還，問題當然不少；筆者有個做生意的朋友，極度愛好音樂，他租了一個工廈單位，買了一套音響器材，有空便去享受一下，問他花了多少錢？他笑而不答，只說一組喇叭，大約要港幣十六萬圓。在當事人的角度，這是享受，用

多一點也沒所謂；在外人的眼裡，這是沉迷和揮霍，不應鼓吹。

若想深一點，不論賭博也好，嗜好也好，要視乎自己的經濟能力，假使過了界，說甚麼都沒用，兩者必定產生嚴重後果。「賭博」不是一種良好嗜好，只要有節制，量力而為，所謂「小注怡情」，也不算是壞事。如果連搓搓麻將，買買馬仔都不行，人不瘋才怪？活著還會有樂趣嗎！

學易卦的前輩，可能不認同筆者的觀點，也可能不讚成筆者撰寫「卜馬」這類文字，由於大家標準不同，立場有別，好與壞，對與錯，不知如何取得平衡？

若以易卦發展的歷程來看，筆者的做法，讀者應該可以理解。事實上，就算我不寫，他們還是會繼續下注，我寫與不寫，跟他們的行為，扯不上直接關係。我們倒不如放開懷抱，把「卜馬」作為趣味性的課題來研究，反可擴闊習者的思路，讓他們領悟更多。

筆者認為，若讀者想提高易卦的精確度，應抓緊每個學習機會，努力去研究每個課題，這樣，才可推動易卦向前，得到大眾的認同。

其實，每個課題，都存在盲點，若想把盲點解開，需要實例分析，只要肯用上時間，必有回報。「滿天厚雲不見日，靜待晨光一線來」，或許，正是筆者對易卦的期待！

「卜馬」盲點

研究每項課題，必先了解其局限，才可找到正確的推斷方法。因此，「卜馬」有盲點，可逐一列出，讓讀者討論。

每場賽事，出賽馬匹，十至十四隻，若只卜一卦，去看哪幾匹馬會勝出，不是有點妄想嗎？看看下面，便知我所言非虛。

首先，要概念清楚，若出賽馬匹是十四隻，十二地支便不足以應付，餘下第十三和第十四兩隻馬匹，應該怎樣處理？時至此刻，找不出可行的解決方法，相信，它仍然是一個解不開的盲點。

其次，假使每場馬匹定為十二隻，與十二飛神配合，哪又會否天衣無縫呢？當然不是。這裡還存在「馬匹編號」與「馬閘編號」的問題，因為兩者編號不同，10號馬匹，不一定編在10號閘，牠可能被編到6號閘；倘若卦中顯示勝出的馬匹是「卯」，它究竟是指「2號」馬勝出，還是「2號閘」的馬勝出呢？這是另一個存在的盲點。

最後，我們還要考慮另一個問題，就是怎樣去確定三隻入圍馬匹的次序，這真是盲點中的盲點。筆者嘗試以世為冠軍，應為亞軍，卦身為季軍來定位研究，始終得不到合理結論，在此階段，無法突破！

「卜馬」方法

「卜馬」要面對的限制太多，研究初期，如老鼠拉龜，不知從何處入手？在無計可施之下，筆者用上了一個最笨拙的方法，也是一個最簡單的方法，就是拿每隻馬來卜，按世應的力量分佈及其彼此關係，推斷賽果，所謂無心插柳，卻萬料不到，其準確程度，超出了我的預期，證明這個方法，在某程度上是可行的。

下列情況，馬匹有較大機會勝出或位列三甲：

1. 世位飛神得生助，三甲之材。

〔世飛神得生〕

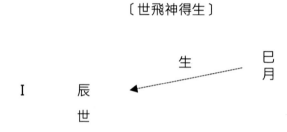

〔世飛神得助〕

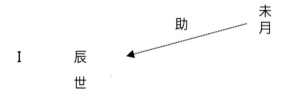

2. 世應六合，要合中有情，贏面才會大。

〔世應六合，寅亥相合有情〕

占問：A馬賽果
得卦：澤水困（兌2）

卦爻	卦象	飛神	伏神
上爻	Ⅱ	未	
五爻	Ⅰ	酉	
四爻	Ⅰ	亥	◄
	應		
三爻	Ⅱ	午	
二爻	Ⅰ	辰	
初爻	Ⅱ	寅	◄
	世		

合

◆ 寅亥相合，化氣為木，助旺世爻寅木，為合之有情，勝出機
   會大增。

〔世與伏合，辰酉相合有情〕

占問：B.馬賽果

得卦：風雷益（巽4）

卦爻	卦象	飛神	伏神
上爻 應	I	卯	
五爻	I	巳	
四爻	II	未	
三爻 世	II	辰 合 酉	
二爻	II	寅	
初爻	I	子	

◆ 世伏辰酉相合，合化為金，助旺酉金，金強力旺，自然有力一戰。

　　若相合是「合中有刑」，是無情的合，賽果便會倒轉。相生相合，有利競賽，若反過來想，什麼結構，會不利競爭呢？我們可再研究分析。

〔世爻受剋，無力突圍〕

占問：C馬賽果
得卦：澤風大過（震7）

卦爻	卦象	飛神	伏神
上爻	II	未	
五爻	I	酉	
四爻	I	亥 ◄─── 午	
	世		
			剋
三爻	I	酉	
二爻	I	亥	寅
初爻	II	丑	
	應		

◆　世受應剋，C馬受制於環境，無法全力拼搏。

〔世應六害，競賽必敗〕

例一：子未害

占問：D馬賽果
得卦：風天小畜（巽2）

卦爻	卦象	飛神	伏神
上爻	I	卯	
五爻	I	巳	
四爻	II	未 ◄------┐	
	應		相
三爻	I	辰	酉	害
二爻	I	寅	
初爻	I	子 ◄------┘	
	世		

◆　世應成「子未害」，D馬出賽必敗。

例二：酉戌穿

占問：E馬賽果
得卦：雷風恆（震4）

卦爻	卦象	飛神	伏神
上爻	II 應	戌 ◄┄┄┄┄┐	
五爻	II	申	相穿
四爻	I	午	
三爻	I 世	酉 ◄┄┄┄┄┘	
二爻	I	亥	寅
初爻	II	丑	

◆　世應成「酉戌穿」，E馬賽中受阻致落敗。

以上各種情況，都是從實例中印証出來，不過，解卦仍要考慮日辰、月建的影響。

如果卦象有動，除了看日辰和月建外，還要留意爻辰發動，與世爻會造成相生、相剋、相害等種種變化，這刻，讀者不用迷失，可按「五大綱領」的步驟來推斷，自然會找到答案。

有關「五大綱領」的運用，可參考《象數易入門及推斷技巧》一書。

用馬匹直接占卜，方法雖然可行，但仍然存在兩個大問題，在此，筆者交待一下，使讀者知道問題所在。

問題一：逐匹占卜，費時失事

一場賽事有馬十四匹，如逐匹來占，每場要占十四次，對一般人來說，哪有這麼多時間？偶然來一場玩玩，當然可以。想想，一週兩個賽馬日，每個賽馬日有九場賽事，每場賽事有十四匹馬，若是這樣，每週便要卜上252次，誰會有這種能耐去完成呢？

問題二：入圍馬匹，難定先後

算是你肯拋開一切事務，不計較時間用了多少，每場賽事，逐匹去占，基本上，卦象顯示的，只是馬匹能否入圍，卻不能推斷其入圍的排名位置，誰是第一，誰是第二，誰是第三，很難去定奪，這可以說是占卜上的另一個難題。

「六親與六獸」的應用

看每支卦，飛神的力量最大，六親和六獸的功用，是用來特顯飛神的能耐。先將三者的位置列出，有助讀者思考。

飛神顯示馬匹的力量強弱。

六親顯示馬房的部署安排。

六獸顯示馬匹的走勢狀態。

當飛神當旺，馬匹前胸有力，步伐輕快，具爭勝能力。一匹有氣勢的馬，配上不同六親，力量會怎樣轉移？

〔六親六獸生剋變化〕

飛神之旺與弱，力量不可同日而語，配上不同六親，馬匹有不同策騎指示，便有不同賽果。父、兄、子、財、官的出現，應怎樣去解說？可讓讀者推敲一下。

六親在不同的層面上，各有不同的示意，下面敍述，只供參考，如讀者發現資料不足，希望各位不吝補充及修正。

《父爻示意》

馬房人事：馬主或練馬師。

馬匹心態：情緒變化大。

父爻示意：賽果。

父爻旺弱六獸逢，誰在背後發其功？

世持父爻當旺：馬匹在練馬師的精心安排下，信心十足，定要跑出理想賽果。

世持父爻臨弱：馬主和練馬師對馬匹的近期狀態，十分擔心；馬匹無爭勝之心，必然賽敗而回。

　　飛神與父爻的配合，推斷上還有不足，必需加上六獸，才能反映出實際賽果。現將它們的配合，列成簡表，方便讀者閱讀。

六獸	父爻當旺	父爻臨弱
青龍	準備充足，三甲之材	外形不俗，準備不足
朱雀	步履輕快，入圍機高	被受唱好，耐力不足
勾陳	鬥志旺盛，爭勝之選	情緒困擾，難有表現
螣蛇	耐力持久，有利長程	馬遇低潮，步伐不展
白虎	勇猛無比，臨門脫腳	馬有舊患，何來競逐
玄武	暗地操練，一出即勝	情緒低落，無力一戰

《兄爻示意》

馬房人事：競爭馬匹。

馬匹心態：好鬥心強。

兄爻示意：受阻。

兄爻旺弱六獸融，誰人才是真英雄？

世持兄爻當旺：馬匹競逐心強，比賽常常受阻，未能入圍。

世持兄爻臨弱：馬匹雖有競逐心，卻沒有贏馬實力，敗績連連。

六獸	兄爻當旺	兄爻臨弱
青龍	型格俱佳，有競爭力	外表不俗，競爭力弱
朱雀	步法輕快，沿途受阻	沿途搶口，無法競逐
勾陳	鬥志仍在，阻礙更多	質素平庸，無法突破
騰蛇	左穿右插，浪費氣力	沒法操起，起步緩慢
白虎	不按走法，錯失良機	傷患滿身，無力再戰
玄武	喜歡突襲，偶有一勝	無力爭勝，陪跑份子

《子爻示意》

馬房人事：馬房皇牌。

馬匹心態：質高氣傲。

子爻示意：爭勝份子。

子爻旺弱六獸同，誰具胆色建奇功？

世持子爻當旺：馬匹質高自信，力爭入圍。

世持子爻臨弱：馬匹質高欠銳，還待磨練。

六獸	子爻當旺	子爻臨弱
青龍	質高形靚，力爭第一	質高欠銳，有待彫啄
朱雀	跑法輕盈，逢馬過馬	步履不順，爭勝無望
勾陳	鬥志頑強，可佔一席	步法未熟，無法競逐
騰蛇	穿梭游走，可爭入圍	操練未足，沿途墮後
白虎	質高勇猛，難尋對手	舊患未癒，陪跑份子
玄武	質高不露，一擊即中	馬無戰意，落敗收場

《財爻示意》

馬房人事：搵食馬匹。

馬匹心態：實力高超。

財爻示意：賠率理想。

財爻旺弱六獸逢，派彩高低盡不同！

世持財爻當旺：馬匹實力高強，可以入圍，而且派彩高。

世持財爻臨弱：馬匹貌似高質，其實無力征戰。

六獸	財爻當旺	財爻臨弱
青龍	實力高強，有力勝出	高估實力，臨陣必敗
朱雀	質高步妙，突破重圍	步法飄忽，無法爭勝
勾陳	質高志堅，對手難尋	馬性執拗，進退失據
騰蛇	步巧妙絕，輕鬆取勝	步法凌亂，難有勝算
白虎	勇進有增，爭勝機高	質劣平庸，無力爭勝
玄武	隱藏實力，力拒來犯	戰意低沉，怎能一戰

《官爻示意》

馬房人事：出名馬房、名氣馬匹。

馬匹心態：信心十足。

官爻示意：馬匹大熱。

官爻旺弱六獸同，信心名利有幾重？

世持官爻當旺：馬匹出自名門，在大熱中取勝。

世持官爻臨弱：馬匹名大於實，折足而回。

六獸	官爻當旺	官爻臨弱
青龍	名門靚馬，質高易勝	外型糾糾，競逐乏力
朱雀	昂首闊步，輕鬆自信	信心不足，勝算渺茫
勾陳	實力高強，三甲可保	技術欠奉，難寄厚望
螣蛇	走法靈巧，出賽可勝	疏於操練，力有未逮
白虎	氣宇不凡，勇猛無論	虛有其表，難爭一位
玄武	性格沉穩，力爭一席	馬欠信心，陪跑居多

賽事實例

實例〔31〕

西曆：		2016	年		11	月		6	日
陰曆：	丙	申	年	己	亥	月	壬	辰	日
占問：	占 第十場「藍天堡馬」的賽果								
得卦：	乾為天 (乾1) 化 風澤中孚 (艮7)								
卦身：	巳			旬空：	午、未				

卦爻	六獸	六親	卦象	飛神		伏神			變卦	後六親	
上爻	白	父	\	戌							
			世								
五爻	蛇	兄	\	申							
四爻	勾	官	O	午	空				未	兄	空
三爻	朱	父	O	辰					丑	兄	
			應								
二爻	龍	財	\	寅							
初爻	玄	子	\	子							

競賽時間：酉時

〔分析及推斷〕

■ 世是「藍天堡馬」，被日辰「辰」土沖剋，戌土鬆散無力，反映馬匹本身欠實力。

■ 白虎父爻，不利賽果。

■ 世應六沖，比賽中，「藍天堡馬」必然受壓。應化丑土兄爻刑世。牠沿路受阻，無法突圍。

■ 應不能爭入三甲。

賽果：跑第尾

免責聲明：所有實例賽果預測只屬卦象研究參考，不涉及賭搏及鼓勵賭博行為。

實例〔32〕

西曆：		2016	年		11	月		6	日	
陰曆：	丙	申	年	己	亥	月	壬	辰	日	
占問：	占 第十一場「怪獸家長」的賽果									
得卦：	澤山咸 (兌4) 化 天地否 (乾4)									
卦身：	寅			旬空：	午、未					
卦爻	六獸	六親	卦象	飛神		伏神		變卦	後六親	
上爻	白	父	X 應	未	空			戌	父	
五爻	蛇	兄	\	酉						
四爻	勾	子	\	亥						
三爻	朱	兄	O 世	申				卯	財	
二爻	龍	官	\\	午	空	卯	財			
初爻	玄	父	\\	辰						

競賽時間：酉時

〔分析及推斷〕

■ 世是「怪獸家長」,「申」金得日辰辰土生旺,實力不容忽視。朱雀兄爻發動,牠昂首闊步,步步有力,化出財爻,財爻生官,自然想奪標而回。

■ 應位白虎父化白虎父,化出的戌土,跟世爻卯木合化,「卯戌相合」,本不利賽果,幸好得日辰沖破,酉時比賽,沖動世位卯財,既能剋父爻,也能回頭生青龍官爻,勝算倍增。

■ 三甲必穩。

賽果:跑第一名

免責聲明:所有實例賽果預測只屬卦象研究參考,不涉及賭搏及鼓勵賭博行為。

實例〔33〕

西曆：		2016	年		11	月		9	日
陰曆：	丙	申	年	己	亥	月	乙	未	日

占問：	占 第一場「衝鋒友」的賽果

得卦：	火風鼎 (離3) 化 雷風恆 (震4)

卦身：	丑	旬空：	辰、巳

卦爻	六獸	六親	卦象	飛神		伏神		變卦	後六親	
上爻	玄	兄	O	巳	空			戌	財	
五爻	白	子	\\	未						
			應							
四爻	蛇	財	\	酉						
三爻	勾	財	\	酉						
二爻	朱	官	\	亥						
			世							
初爻	龍	子	\\	丑	身	卯	父			

競賽時間：戌時

〔分析及推斷〕

■ 世是「衝鋒友」，「亥」水雖坐月建，卻被日辰未土剋制，力量不繼。

■ 朱雀官爻受制，步法凌亂，沒法發揮本身實力。

■ 應白虎子爻值日，剋世之力，無與倫比；加上上爻玄武兄動，暗沖世爻，化出戌土財爻，表面財生官，有利比賽，實質戌土再次剋亥水，令重重受困的牠，如雪上加霜。

■ 馬匹身心受制，三甲無望。

賽果：跑第七

免責聲明：所有實例賽果預測只屬卦象研究參考，不涉及賭搏及鼓勵賭博行為。

實例〔34〕

西曆：		2016	年		11	月		9	日
陰曆：	丙	申	年	己	亥	月	乙	未	日
占問：	占 第三場「奇真」的賽果								
得卦：	澤地萃 (兌3) 化 雷地豫 (震2)								
卦身：	未			旬空：	辰、巳				

卦爻	六獸	六親	卦象	飛神		伏神		變卦	後六親
上爻	玄	父	\\	未	身				
五爻	白	兄	O	酉				申	官
			應						
四爻	蛇	子	\	亥					
三爻	勾	財	\\	卯					
二爻	朱	官	\\	巳	空				
			世						
初爻	龍	父	\\	未	身				

競賽時間：戌時

〔分析及推斷〕

■ 世是「奇真」，「巳」火官爻旬空無力，本被月建亥水沖破，幸得應爻白虎兄動，順生而下，令「巳」火得力，雖空不空，被沖反被沖起。

■ 朱雀官爻暗旺，「奇真」步法輕盈，競爭有力。

■ 應化出白虎官爻，欲回頭合世，「巳申」空合，只有其象，沒有其刑，比賽中途，會生阻礙。

■ 卦身雖有兩現，不過未土父爻值日，應可得一席。

賽果：跑第二名

免責聲明：所有實例賽果預測只屬卦象研究參考，不涉及賭搏及鼓勵賭博行為。

實例〔35〕

西曆：	2016		年		11	月		9	日	
陰曆：	丙	申	年	己	亥	月	乙	未	日	
占問：	占 第三場「實業風采」的賽果									
得卦：	澤山咸 (兌4) 化 雷水解(震3)									
卦身：	寅			旬空：		辰、巳				
卦爻	六獸	六親	卦象	飛神		伏神		變卦	後六親	
上爻	玄	父	\\	未						
			應							
五爻	白	兄	O	酉				申	官	
四爻	蛇	子	\	亥						
三爻	勾	兄	O	申				午	子	
			世							
二爻	朱	官	X	午		卯	財	辰	財	空
初爻	龍	父	\\	辰	空					

競賽時間：戌時

〔分析及推斷〕

■ 世是「實業風采」，「申」金兄爻得日辰未土來生，發動化子爻午火，必有競逐之心。

■ 勾陳兄爻旺，腳法不差。

■ 應未土值日，世午火回頭合，世應成「午未合」，是合中帶刑，在有利的形勢下落敗。

■ 卦身不上，難成其願。

賽果：跑第四

免責聲明：所有實例賽果預測只屬卦象研究參考，不涉及賭搏及鼓勵賭博行為。

實例〔36〕

西曆：	2016		年		11	月		9	日	
陰曆：	丙	申	年	己	亥	月	乙	未	日	
占問：	占 第三場「及時取勝」的賽果									
得卦：	山風蠱 (巽8)									
卦身：	寅			旬空：		辰、巳				

卦爻	六獸	六親	卦象	飛神		伏神			變卦	後六親
上爻	玄	兄	╲	寅	身					
			應							
五爻	白	父	╲╲	子		巳	子	空		
四爻	蛇	財	╲╲	戌						
三爻	勾	官	╲	酉						
			世							
二爻	朱	父	╲	亥						
初爻	龍	財	╲╲	丑						

競賽時間：戌時

〔分析及推斷〕

■ 世是「及時取勝」,「酉」金官爻失令,但得日辰生旺,牠
仍有爭鬥能力。

■ 勾陳官爻有力,步法獨特。

■ 應寅木兄爻,被月建亥水相合,化為木氣兄爻,兄為對手,
卦身所在,因此,牠身處被動。

■ 惡鬥後,不能勝出。

賽果:三甲不入

實例〔37〕

西曆：	2016	年		11	月		16	日
陰曆：	丙	申	年	己	亥	月	壬	寅	日

占問：	占 第一場「永恒光輝」的賽果
得卦：	雷地豫 (震2) 化 澤雷隨 (震8)

卦身：	午			旬空：	辰、巳			

卦爻	六獸	六親	卦象	飛神		伏神		變卦	後六親
上爻	白	財	\\	戌					
五爻	蛇	官	X	申				酉	官
四爻	勾	子	\ 應	午	身				
三爻	朱	兄	\\	卯					
二爻	龍	子	\\	巳	空				
初爻	玄	財	X 世	未		子	父	子	父

競賽時間：戌時

〔分析及推斷〕

■ 世是「永恒光輝」，世坐初爻，「未」土財爻被日辰寅木所剋，又成「子未害」，牠實力會被高估，成為大熱。

■ 玄武財爻結構不良，本身質素不高，有待磨練。

■ 世應「午未」相合，合中有刑，世雖動化，圖衝破合局，奈何子水父爻臨玄武，結局必然強差人意。

■ 卦身在應，全程競賽處於被動，無法突圍勝出。

賽果：跑第八

實例〔38〕

西曆：	2016		年		11	月		16	日	
陰曆：	丙	申	年	己	亥	月	壬	寅	日	
占問：	占 第六場「皇者拍檔」的賽果									
得卦：	水火既濟 (坎4) 化 水雷屯 (坎3)									
卦身：	寅			旬空：		辰、巳				
卦爻	六獸	六親	卦象	飛神		伏神		變卦	後六親	
上爻	白	兄	\\	子						
			應							
五爻	蛇	官	\	戌						
四爻	勾	父	\\	申						
三爻	朱	兄	O	亥		午	財	辰	官	空
			世							
二爻	龍	官	\\	丑						
初爻	玄	子	\	卯						

競賽時間：亥時

〔分析及推斷〕

■ 世是「皇者拍檔」，「亥」水兄爻值月，戰意味濃，重動化辰土，賠率不錯。不過兄爻不利求財，亦是這支卦之重點。

■ 朱雀兄爻旺相，有爭勝之心，因其化辰土官爻旬空，已暗藏失落的意象。

■ 應位同樣是持兄爻，不利競逐。

■ 卦身不上，形勢不利，落敗難免。

賽果：跑第四

免責聲明：所有實例賽果預測只屬卦象研究參考，不涉及賭搏及鼓勵賭博行為。

實例〔39〕

西曆：		2016	年		11	月		30	日
陰曆：	丙	申	年	庚	子	月	丙	辰	日
占問：	占 第一場「銘記心中」的賽果								
得卦：	水山蹇 (兌5) 化 火山旅 (離2)								
卦身：	酉			旬空：	子、丑				

卦爻	六獸	六親	卦象	飛神		伏神		變卦	後六親	
上爻	龍	子	X	子	空			巳	兄	
五爻	玄	父	O	戌				未	子	
四爻	白	兄	X 世	申				酉	財	身
三爻	蛇	兄	\	申						
二爻	勾	官	\\	午		卯	財			
初爻	朱	父	\\ 應	辰						

競賽時間：戌時

〔分析及推斷〕

■ 世是「銘記心中」，「申」金得助，兄爻發動，有拼搏心，
化酉財爻，卦身所在，臨場大熱。

■ 白虎兄爻旺相，動化酉金，回頭合應，是「辰酉」吉合，爭
勝有望，無奈，白虎刑傷味重，瓦解力強，「戌」時比賽，
「戌」土將合局沖破，所謂「合遭破而無功」，賽果令人氣
憤！

■ 財爻是派彩。要知「銘記心中」是否大熱，需看財爻位置。
本卦財爻，伏在官爻下，「伏去生飛為洩氣」，馬迷落注越
大，馬匹越熱，賠率越低，派彩越少，這是定律。按「合遭
破」和白虎財爻的推斷原則，牠無法位列三甲。

賽果：跑第四

免責聲明：所有實例賽果預測只屬卦象研究參考，不涉及賭搏及
鼓勵賭博行為。

實例〔40〕

西曆：		2016	年		11	月		30	日	
陰曆：	丙	申	年	庚	子	月	丙	辰	日	
占問：	占 第二場「通勝」的賽果									
得卦：	火風鼎 (離3) 化 風天小畜 (巽2)									
卦身：	丑			旬空：		子、丑				

卦爻	六獸	六親	卦象	飛神		伏神			變卦	後六親	
上爻	龍	兄	\	巳							
五爻	玄	子	X	未					巳	子	
			應								
四爻	白	財	O	酉					未	財	
三爻	蛇	財	\	酉							
二爻	勾	官	\	亥							
			世								
初爻	朱	子	X	丑	身空	卯	父		子	父	空

競賽時間：戌時

〔分析及推斷〕

■ 世是「通勝」，「亥」水月扶，官爻有氣，往績不弱；加上財爻發動生世，可提升牠的作戰狀態。

■ 勾陳主步法，臨官爻有力，必因跑法刁轉而屢次勝出。

■ 應爻發動，化出巳火子爻，回頭沖世，亥水官爻被一沖即起，求勝之心，更是強烈。

■ 世官爻結實，按卦象，可坐亞望冠。

賽果：跑第一

免責聲明：所有實例賽果預測只屬卦象研究參考，不涉及賭搏及鼓勵賭博行為。

【九】股市預測

香港地理位置優越，連接歐美，貫通亞洲，緊貼內地，並建立一個良好的通訊網絡；還有，香港制度完善，重視法治，競爭公平，資金可以自由流出流入，故此，她成為國際金融中心及內地集資平台。

本港金融市場的最大特色，是資金流動性強、透明度高，符合國際標準。根據網上資料顯示，香港股票市場，緊隨日本和內地市場，在世界上排行第十，在亞洲則排行第三。

為了擴闊易卦視野，筆者花了六年多時間，利用六爻卦象，鑽研恆指走勢。因此，對恆指的升跌預測，尚有少許心得。說句老實話，預測恆指，盲點甚多，局限也大，並非百發百中，尤其是在同氣的日子裡，很難捕捉，如寅卯、申酉、亥子、巳午、辰戌丑未，各組地支，同屬一氣，但對卦中六爻，產生「生扶拱合，刑沖剋害」的效應。最終，往往出現地支同氣，結局不同的情況。在推斷時，卜者容易迷失，錯下決定，出現時準時不準的情況，讀者運用時，須格外留神。

在研究過程中，研究六爻示意，留意人心慾望，每每產生一種無力感！在這刻，明白人之渺小，根本無力跟大勢角力；剎那間，亦明白人的貪婪，當事人的盲目投資，也是沒法勸止的。我們可以做的事，只能離場觀望，看着大戶們在市場中互相廝殺，看着當事人在血泊中掙扎。我的心雖在隱隱作痛，卻是無力幫上一把！

不時在想，若投資者懂點易卦，在下注前，先卜一卦，可依卦象提示，改變他們投資策略，或許能逃過災劫，最少，也可減低金錢上損失。

在恆生指數或股票市場的推斷上，應該怎樣去運用六親？才可達致意境相融的地步，正是我們要討論的地方。

「預測境況，先明來意」，六爻意境互扣，若不明來意，如何推斷實際境況呢？所以，我們要先了解六親擔任的角色及其義意。一般而言，六親在不同的課題，都有著不同的角色扮演，要明白角色互換，才可推斷準確，更可將卦中景象，活現眼前。

股市預測，是一門冷門學問，對六親的運用，對六親的解讀，會跟其它課題有別，想深入了解六親狀況，必須有新的概念，也要有新的思維，才可找出六親正確的含意。六親中的父、兄、子、財、官，各具特徵，各有取向，不能將其義引伸，則沒法顯示股場變化。因此，我將每個六親分成〔大市情況〕、〔市場行為〕和〔投資氣氛〕三個層面來分析，讓讀者有更深的體會。

〔六親看三個層面〕

現按六親的父兄子財官次序，解說〔大市情況〕、〔市場行為〕、〔投資氣氛〕三個層面，希望讀者看得有趣，加深對股場預測的了解。

【父母爻】

大市情況：

父爻代表市場消息，而消息是好是壞，可以憑六獸去推斷。一般來說，父爻臨青龍或朱雀，消息正面，有利大市向好發展；若白虎加臨，白虎父爻，情況大為不妙，是大凶將至的信息，股市會在短期內突然轉壞，逃走不出的朋友，自然損失慘重！

市場行為：

父爻可代表大戶、決策人、金融機構等，他們在股場中，都有著不同程度的影響力。表面上，青龍父爻是大戶，具最大影響力，其舉動去向，被受關注，這點，相信讀者都不會否定，不過，在研究過程中，實情又並非如此，能弄至大市翻天覆地的人，好大機會是父爻臨玄武，因為玄武善計算、愛投機，當他看準時機，便知道哪一刻，正是駱駝背上最後一根稻草。他在無聲中突襲，他在暗角裡發圍，令大市震盪波動，股民來不及反應，他已搵個盤滿砵盤，挾錢離場。

投資氣氛：

　　大市氣氛好壞，在於恆指升降。父爻主憂慮、擔心、煩擾。世持父爻，反映股市氣氛，令人感覺不安。不安，可能來自政治因素，也可能源自經濟環境轉壞。尤其是父爻配上勾陳或螣蛇，股民對大市擔心，總是揮之不去！

【兄弟爻】

大市情況：

　　兄爻是阻隔，反映在恆指方面，每每受到某些因素影響，未能突破高位，反而掉頭向下。朱雀兄爻，大市不被唱好，令投資者卻步，轉為觀望，由於交投減慢，恆指走勢，自然乏力；騰蛇兄爻，股市低沉不振，暫時無法扭轉劣勢。

市場行為：

　　兄爻代表炒家，炒家之最大目的，是在股票場中圖利，所以，兄爻的舉動，便帶有很強的劫財意欲，而劫財的力度，要視乎日月的生剋，或其發動的取向。不論兄爻力度如何？旺好弱好，都不減其劫財本色，而旺弱形態，只不過用來反映要劫的財大小而已。相對而言，大戶劫財，即散戶破財，讀者要細心玩味一下！

　　青龍兄爻為國際大財團、玄武兄爻為投資機構、勾陳兄爻為基金公司，全部皆以投資或投機來搏取財富。

投資氣氛：

　　兄爻主導大市，投資意欲淡薄，何解？因為兄爻帶來的阻滯，令大市步伐不振，令股民買賣無利。此刻，股場失利或處於劣勢，瀰漫著一股落寞氣氛，既欠生氣，也欠活力，股民投資欠積極。見玄武兄爻，情況更差。

【子孫爻】

大市情況：

　　恆生指數由50隻藍籌股組成，隻隻實力雄厚。六爻中，用子爻看恆指的根基與實力，因此，世持子爻，若當旺，股市走勢向好；若受刑受剋，恆指根基有損，回軟難免。子爻當旺，最喜遇上青龍，股市必然受惠經濟成果，大幅向上；就算拍住玄武，旺相子爻，也可逐步推高大市。子爻是財根，可推動進財機遇，吸引不少股民投資，共創佳績。

市場行為：

　　子爻是開創動力，它在世或在應，也有開創財富的意欲。世與應的動力不一樣，世持子爻，本身力量強，採取主動，期望再創高峯；子爻在應，外圍環境佳，造就機會，為大市帶來新動力，新資金，雖然一切都在被動中，市場最終獲益。朱雀子爻乘旺，可藉吹風，引起股民的投資意欲。

投資氣氛：

　　子爻是福德之神，有和諧、歡樂之寄意。子爻旺相臨世，股市必然暢旺，人人獲利開懷，股民歡呼之聲不絕。若遇青龍，恆指升勢凌厲，屢破高點。

【妻財爻】

大市情況：

　　財爻主資金、主交投量，若財爻旺相，成交必大。配上六獸，資金流向，有所不同。青龍財爻，外資入市；朱雀財爻，熱錢進出；勾陳財爻，財團加入；螣蛇財爻，游資流轉；白虎財爻，大手炒賣；玄武財爻，炒家投機。一般而言，世持財爻，市場資金充裕，交投暢旺。

市場行為：

　　財爻主導大市，反映經濟興旺，市民手頭充裕，而股票市場，資金充斥，股票買賣，容易獲利，因此，人人積極參與，個個樂此不疲，令每天恆指的成交量，非常巨大。

投資氣氛：

　　市場是執金之地，不論是財團、炒家、股民，都爭相入市，唯恐執輸，瞬間令投資熾熱，交投大增，若持四庫，成交更是大得驚人。

【官鬼爻】

大市情況：

　　官爻主驚恐、震驚，它對大市產生的影響，較父爻嚴重，尤其是當世、應、卦身臨官爻，暗示整個大市，正被恐懼情緒包圍，令股民如坐針氈，惶惶不可終日。恆指走勢反覆，股民置身亂局之中，投資買賣，欠缺方向，既不知進，也不懂退，在禍福難料的環境下，為了自保，應擁財自保。

市場行為：

　　官爻亦主政策。政府政策的制定，會直接或間接影響大市的升跌變化。最簡單的理解，青龍官爻是有建設性的政策，大市受其惠，一定節節上升，股民樂於入市，分一杯羹；假若是白虎官爻，情況截然不同，政策嚴苛，市場受制，大市回軟，股民減低入市意欲。

投資氣氛：

　　官方的言論、措施、政策，或多或少，總帶驚恐性質，令大市的投資氣氛轉差，股民避免損失，投資變得保守，「靜觀其變」，是他們此刻的投資策略。

　　筆者認為，預測恆指或股票，理路相同，一般來說，以相生相合為吉。股票市場，以財爻和子爻最為重要，「子爻」是財根，可引伸為支援力量；「財爻」是資金，可引伸為熱錢、成交量。所以兩者得相生，對股市最有利。

〔股市爻辰，喜生扶合〕

卦例 － 財爻受生

占問：占Ａ日恆指走勢
得卦：山雷頤（巽7）

卦爻	六親	卦象	飛神	伏神
上爻	兄	I	寅	
五爻	父	II	子	巳子
四爻	財	II	戌	
		世		
三爻	財	II	辰	酉官身
二爻	兄	II	寅	
初爻	父	I	子	
		應		

生 ◄------- 巳
日

➤ 財爻受日辰所生，市場交投暢旺。

卦例 – 子爻受扶

占問：占B日恆指走勢
得卦：水天需（坤7）

卦爻	六親	卦象	飛神	伏神
上爻	財	II	子	
五爻	兄	I	戌	
四爻	子	II	申	
		世		
三爻	兄	I	辰	
二爻	官	I	寅	巳父
初爻	財	I	子	
		應		

酉
扶
日

➤ 子爻得日扶，有力去生財，可令大市交投持續。

卦例 － 子爻受合

占問：占C日恆指走勢
得卦：地天泰（坤4）

卦爻	六親	卦象	飛神	伏神
上爻	子	II 應	酉 ┐	
五爻	財	II	亥 ├ 合	
四爻	兄	II	丑 │	
三爻	兄	I 世	辰 ┘	
二爻	官	I	寅身	巳父
初爻	財	I	子	

➤ 世應「辰酉合」化金子爻，大戶托市，恆指高據不下。

〔股市爻辰，怕刑尅害〕

占恆指或占股票，子財兩爻，最怕見「刑、尅、害」。見刑，走勢遇阻力，處於徘徊狀態，沒法大步向前，無論怎樣，只要不成「丑戌未」三刑，問題不會變得太嚴重；見尅，恆指受壓，或急向下或慢下跌，市場沒法招架；見害，是三種情況中，最差一種。其中又以「酉戌相穿」和「子未相害」兩個組合最惡劣，一般手法，大戶會製造假象，推高大市，引君入甕，再大手拋售，令大市急跌，令高追者折翼，賠上身家。所以，若占卦者遇到這類卦象時，要加倍留神，不要妄想求財。否則，惡夢必隨之而至！

卦例 － 財爻成「酉戌相穿」

占問：占D日恆指走勢
得卦：雷風恆（震4）

卦爻	六親	卦象	飛神	伏神
上爻	財	II 應	戌 —	
五爻	官	II	申	相
四爻	子	I	午	穿
三爻	官	I 世	酉 —	
二爻	父	I	亥	寅兄身
初爻	財	II	丑	

➤ 見「酉戌相穿」卦象，要忍手離場，免招損失。

卦例 － 財爻成「子未相害」

占問：占E日恆指走勢
得卦：震為雷（震1）化雷地豫（震2）

卦爻	六親	卦象	飛神	伏神	變卦/後六親
上爻	財	II 世	戌空		
五爻	官	II	申		
四爻	子	I	午		
三爻	財	II 應	辰		
二爻	兄	II	寅		
初爻	父	O	子		未財

相害

➤ 「子未相害」是投資陷阱，必需小心為上。

　　介紹完六爻結構的利與弊後，下一部分，筆者會拿實例來分析和討論，希望讀者從六爻的舖排中，了解更多股票市場的走勢變化。

〔恆指走勢分析〕

　　預測股票或恆指走勢，沒有特定法門，每門術數，都有其依據，所謂各師各法，無用太過深究。若問準繩程度？很難下一個定論。其實，每門方法，都有自己的標準及界線，只要用者用得好，達到自己的目的，便是一個可行的方法。筆者習易卦，自然會運用卦象，來預測股市變化。坦白說，利用卦象爻辰預測股市，仍存在重重關卡，有待實例印證及將它們打開。根據多年經驗，六爻圖象，不可能達至百分百準確，這是鐵一般事實，讀者無用爭拗，也無用各自逞強。

　　用易卦推斷股市，它的最大功用，是用來分析恆指走勢，收窄差異，提高準確度而已。如果想利用卦象，作為投機的指路明燈，最終可能要負上沉重的代價！何解？因為在占卜過程中，占者不自覺地將其心中意欲，貫入了六爻之中，這刻，「爻」隨心而發，「卦」隨意而成，卦象雖成，吉凶得失，只反映他的心中取向，而非恆指的實際走勢。若藉卦象信息，沾手大市，圖投機獲利，會如願以償嗎？當然不會，還可能損手而回。我們應明白「非己之財不可貪」的道理！

　　易卦之術，可提供進退之道，替善人避禍，讓好人安居；而非替壞人求財，也非為惡人解憂。明乎此，便知用卦要用在正道，才會得到卦爻正面的回應。

　　股市預測，可潤可大，基本上，可分為全年、每季、每月、

217

每週和每日，讀者可按自己的需要，占算那一個時段。下一節，拿2015年的恆生指數作實例分析，依每個時段的爻辰卦象，來推斷各階段的走勢路向。

【恆指全年走勢】- 2015年

研究恆指走勢,除了有一點經濟概念外,也要參考早段日子的市場狀況,才能理解和貫通卦象含意,準確地推斷及預測它的未來動向。

《回顧》

回顧過去,預測未來,制定策略,等待結果。這可以說是投資者的投資四步曲。我們要分析2015年的恆指走勢,便要先回顧早一年的股場變化。在2014年裡,香港受惠於滬港通的消息刺激,憧憬未來將有大量的內地資金湧港投資,市場反應正面,股民樂於入市,擺脫了持續多月的頹勢,股市活躍,溫和升浪,逐步展開。

與此同時,金管局宣佈撤銷人民幣兌換限額,令參與滬港通投資者和發展人民幣產品的金融機構,更為方便。若然滬港通正式開通,便會加速人民幣國際化的進程,本港作為最大的人民幣離岸市場,可藉此推動相關業務發展,令此類行業的股份受惠。

另一方面,中國經濟數據持續疲弱,零售、消費及投資,顯著放緩。唯市場憧憬內地政府,將採用寬鬆的貨幣政策,令大戶和股民,均聚焦於「滬港通」方面,對港股市場,起著正面效應,最終,恆指不但收復失地,而且全年累升298點。

【卦例】- 恆指〔全年〕走勢

西曆：		2015	年		1	月		18	日
陰曆：	甲	午	年	丙	子	月	甲	午	日
占問：	占『乙未流年』香港恆指走勢								
得卦：	水風井 (震6) 化 地水師 (坎8)								
卦身：	辰			旬空：	辰、巳				

卦爻	六獸	六親	卦象	飛神		伏神		變卦	後六親
上爻	玄	父	\\	子					
五爻	白	財	O	戌				亥	兄
			世						
四爻	蛇	官	\\	申		午	子		
三爻	勾	官	O	酉				午	財
二爻	朱	父	\	亥		寅	兄		
			應						
初爻	龍	財	\\	丑					

註：卦象分析討論，純屬學術研究，只作參考用途，不構成投資
　　買賣建議。

〔卦象分析及推斷〕－ 2015年〔全年〕恆指走勢

■ 不少投資專家認為，踏入2015年，美國經濟逐步復甦，影響所及，香港亦受其惠，「乙未年」的香港股市，會被看好，不過，從卦象的信息顯示，似乎有點強差人意！

■ 世坐五爻，白虎持財爻重動，占卦時，恆指的表現，似乎勇猛起來，交投亦大，但是，這種急上快落、財來財去的現象，對整個大市而言，沒有正面的幫助。財爻動化，化成兄爻，兄爻有很重的搶奪意味，無奈亥水卻遇上太歲「未」土來剋，大市受制於時空，欲動而不能動，正是「乙未年」恆指走勢的寫照。

■ 應位飛伏兩爻，父兄寅亥化長生，卦象的延緩特性，反映在股市上，恆指長期在低位徘徊，始終未能突圍而出。分析其因，是兩官爻在間，為太歲所生，力量巨大，反映出政府在政策和措施上，不斷左右著大市，影響大市走勢。

■ 財根「子爻」，伏在官爻之下，沒法支援財爻，令交投由旺轉弱，由大變小。

■ 本來三爻化午火財爻，有助大市，但是，又被太歲「未」土合去，合中帶刑，先升後回，也令「財」氣不通，交投減退，恆指表現，焉會理想！

■ 綜合卦象，『乙未流年』的恆指走勢，相較『甲午流年』遜

色。上半年走勢較好，下半年則反覆向下，投資者不要抱大
期望，入市前，要小心謹慎。

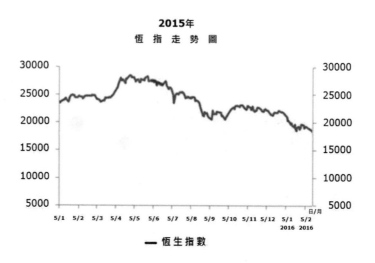

2015年

恆 指 走 勢 圖

━━ 恆生指數

【實況】

2015年港股先高後低，上半年迎接「大時代」，旺市抽升，唯下半年則受美元轉強，及內地經濟放緩拖累，表現並不理想。恆指自2014年累升298點後，2015年走勢猶如坐「過山車」，首季追隨中美股市升勢；第二季初段進入「大時代」，成交大增，4月下旬，曾高見28,588點，踏入5、6月，大市反覆回落；第三季受多項利淡因素夾擊，大跌5,403點；末季略回穩，全年高低波幅達8,220點，為2011年以來最大，而恆指全年累跌1,690點。

如果覺得全年預測比較空泛，可將預測收窄，按每季來占，不過，要留意四季之五行轉變。

【恆指四季走勢】　　【卦例】－　占恆指〔夏季〕走勢

西曆：		2015	年		4	月		20	日
陰曆：	乙	未	年	庚	辰	月	丙	寅	日
占問：	占『乙未年』恆指〔夏季〕走勢								
得卦：	雷地豫 (震2) 化 天地否 (乾4)								
卦身：	午			旬空：		戌、亥			

卦爻	六獸	六親	卦象	飛神		伏神		變卦	後六親
上爻	龍	財	X	戌	空			戌	父　空
五爻	玄	官	X	申				申	兄
四爻	白	子	\	午	身				
			應						
三爻	蛇	兄	\\	卯					
二爻	勾	子	\\	巳					
初爻	朱	財	\\	未		子	父		
			世						

註：卦象分析討論，純屬學術研究，只作參考用途，不構成投資
　　買賣建議。

〔卦象分析及推斷〕－夏季

■ 世坐初爻，子未相害，大市本質非佳，現在股市卻不斷創新高，這點值得我們去思考。表面上，世朱雀財爻，得月建扶持，恆指被受吹捧，交投增加，但是，日辰來剋，寅木破土，升勢只是曇花一現，大市無以為繼。

■ 何以這樣說？看，應持卦身，已顯示出外圍因素主導大市。白虎子爻午火，日辰生旺，白虎臨旺，加快世應午未合的動作，午未合刑，是急升急落的訊號，正好呼應世位的「子未相害」。

■ 「子未相害」是一個可怕組合，俗語所說的「糖衣陷阱」，大市越被唱好，越要小心，時候一到，便來過翻天覆地，倒頭向下，逃不出的投資者，必然成為大鱷美點，落得悲慘收場！

■ 其實，卦中一再示警，問題在於解卦者看不看到而已。請留意五爻和上爻，申化申、戌化戌，兩者都是化伏吟，暗示大市很難再向前走動；另外，上爻青龍財爻戌化戌，是「自空化空」的不良結構，大戶撤退，資金流走，大市承接力失，不跌才怪。

■ 按卦象，夏季恆指走勢，暗藏殺着，應及早離場，保存實力，方為上策！

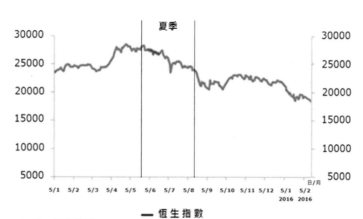

2015年
恆指〔夏季〕走勢圖

夏季：巳午未月
西曆：18/5 - 13/8

　　夏季分為巳、午、未三個月，若以月支套入，看會有怎樣的結果？

　　巳月：巳火助旺世應，午未合出火意，火是白虎子爻，是急升快跌的動變。

　　午月：行正午未合，有短暫抽高，又再下跌。

　　未月：世子未害入位，大市雪上加霜，跌幅更大。

【實況】

進入夏季，可以說是股市的「大時代」，成交大增，4月下旬，曾高見28,588點，但維持短暫，掉頭向下，踏入5、6月，大市大幅回落。

想清楚每月走勢，可直接拿該月來起卦，這樣，該月的地支，對卦爻產生的生剋力量，絕對不容忽視。

【恆指每月走勢】　【卦例】－　恆指〔辰月〕走勢

西曆：		2015	年		4	月		20	日
陰曆：	乙	未	年	庚	辰	月	丙	寅	日
占問：	占『乙未年』－ 恆指〔辰月〕走勢								
得卦：	兌為澤 (兌1)								
卦身：	亥			旬空：		戌、亥			

卦爻	六獸	六親	卦象	飛神		伏神		變卦	後六親
上爻	龍	父	\\	未					
			世						
五爻	玄	兄	\	酉					
四爻	白	子	\	亥	身空				
三爻	蛇	父	\\	丑					
			應						
二爻	勾	財	\	卯					
初爻	朱	官	\	巳					

註：卦象分析討論，純屬學術研究，只作參考用途，不構成投資
　　買賣建議。

〔卦象分析及推斷〕-辰月

■ 世坐上爻，持青龍父爻，大戶盤據大市，月建拱扶，雖被日辰寅木所剋，在「辰月」內，恆指未必有大突破，卻可穩企高位中。

■ 世應六沖暗動，本月恆指，仍有小波動。世應父爻，彼此沖會，其實是大戶實力的較量。

■ 子爻失令，又落旬空，卦身所在，表示恆指基調欠穩，而財爻卯木，得日辰勤助，交投暢旺。財子兩爻，基調與交投，出現不協調的現象，正顯示出世應父爻大戶，不斷角力，承托大市。

■ 「辰月」大市受托，交投保持暢旺，可以小注投資。

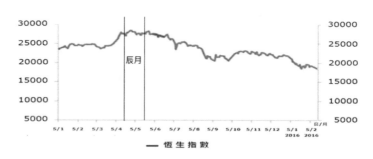

2015年
恆指〔辰月〕走勢圖

辰月：19/4 - 17/5

【實況】

　　市場憧憬逾萬億計的資金南下，由4月19日至5月17日，恆指游走於27500-28500點之間，創七年新高。4月27日，恆指在全年高位28,588點收市；而港股每日交成，接近1,900億元。

　　想了解每週走勢，除了看卦象鋪排外，也要清楚日月對爻辰產生的作用，才能解讀卦象，知道大市正確走勢。

朱雀

【恆指每週走勢】　　【卦例】－　恆指〔每週〕走勢

　　想了解每周走勢，除了看卦象鋪排外，也要清楚日月對爻辰產生的作用，才能解讀卦象，道大市正確走勢。

西曆：		2015		年		3	月		1	日	
陰曆：		乙	未	年	戊	寅	月	丙	子	日	
占問：		占恆指〔每週〕走勢-03月02日至03月06日									
得卦：		天水訟(離7)									
卦身：		卯			旬空：		申、酉				
卦爻	六獸	六親	卦象	飛神		伏神			變卦	後六親	
上爻	龍	子	\	戌							
五爻	玄	財	\	申	空						
四爻	白	兄	\	午							
			世								
三爻	蛇	兄	\\	午		亥	官				
二爻	勾	子	\	辰							
初爻	朱	父	\\	寅							
			應								

註：卦象分析討論，純屬學術研究，只作參考用途，不構成投資
　　買賣建議。

〔卦象分析及推斷〕一週走勢分析

上週恒指收市：24823點

■ 世白虎兄爻，正受應位朱雀父爻所生，恒指走勢，不斷受到不同訊息的影響，令它轉弱及波動，波幅加大。

■ 白虎兄爻得月生，力量不斷壯大。白虎的崩解，兄爻之阻隔與掠奪，正好反映在大市急變之中。

■ 白虎兄爻的強大，並未為大市帶來健康的發展，反之，它製造了一個火藥庫，若被引爆，後果相當嚴重。大家看看日辰「子水」，卻擔起了這項危險任務，「子」沖午火，引爆白虎兄爻的摧毀力量，大市危機顯現，急跌在所難免。

■ 兄下伏官，炒家炒賣同時，亦懼怕政策措施，帶來不良後果，所以，他們所有投資動作，都留三分，因此，卦中才會出現財空的情況，大市的資金流動，只屬水過鴨背而已。預料本週恒指波動向下，走勢先升後挫，股忍手為宜。

■ 一週總結：大市除週一有少升幅外，接着數天，走勢反覆向下，週二、週三跌幅最大。本週整體跌幅659點，平均成交大約為800億元。

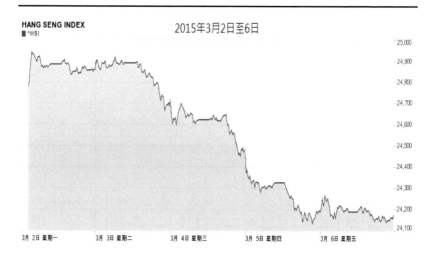

HANG SENG INDEX
■ ^HSI
2015年3月2日至6日

3月 2日 星期一   3月 3日 星期二   3月 4日 星期三   3月 5日 星期四   3月 6日 星期五

對短期投資者而言，一週預測，未必能滿足他們的要求。若想將時間再壓縮，我們可利用「每週恆指走勢」卦象，套入當天的日子，用來推斷每天得失。

現借用上例〔占恆指每週走勢〕來推斷3月2日至3月6日每天的股市情況。

每日分析：

日期：03月02日（丁丑日）

預測：日辰丑土與世午火成「丑午」害，大市存在暗湧，炒家持靜觀態度，大市偏軟，走勢反覆，收市在窄幅中或升或跌。

丁丑日收市：
收報:24887 點
上升:64 點
成交:796 億元

開市:24996點
最高:24997點
最低:24715點
波幅：282點

日期：03月03日（戊寅日）

預測：寅日生世，消息主導大市，刺激世位「白虎兄爻」的崩解力量，恆指回落，收市向下。

戊寅日收市：

收報:24702 點

下跌:184 點

成交:798 億元

開市：24984點

最高：24984點

最低：24715點

波幅：269點

日期：03月04日（己卯日）

預測：卯日木氣仍旺，繼續生旺世位，消息困擾大市，恆指承接
上日跌勢，持續向下。

己卯日收市：

收報:24465 點

下跌:237 點

成交:779 億元

開市：24656點

最高：24705點

最低：24439點

波幅：266點

日期：03月05日（庚辰日）

預測：辰日洩世午火，市況緩和；辰日助子爻，可惜的是，財爻申金旬空，沒法持續。股民趁低吸納，早段股市，交投暢旺，由於財爻旬空，力有不繼，下午走勢回軟，收市向下。

庚辰日收市：
收報:24193 點
下跌:272 點
成交:921 億元

開市:24274點
最高:24393點
最低:24133點
波幅：260點

日期：03月06日（辛巳日）

預測：日辰「巳火」助世，又與應「寅木」相害，炒家見無利可圖，暫鳴金收兵，成交減少，收市向下。

辛巳日收市：

收報:24164 點

下跌:29 點

成交:725 億元

開市:24235點

最高:24294點

最低:24126點

波幅：168點

筆者寫恆指走勢或股市預測，分為全年、每季、每月、每週和每日來分析，這希望讀者或學員，運用易卦推斷時，有着正確的概念，不會偏離軌跡，失去準確度。

至於股票的預測，其法跟推斷恆指走勢相同，在這不再重複論述了，如有讀者未熟識有關法則和推斷步驟，可參看筆者著作《象數易入門及推斷技巧》。

股市實例

實例〔41〕

西曆：		2016	年		8	月		20	日
陰曆：	丙	申	年	丙	申	月	甲	戌	日
占問：	占恆指一週走勢(2016年8月22-26日)								
得卦：	風水渙 (離6)								
卦身：	辰			旬空：		申、酉			

卦爻	六獸	六親	卦象	飛神		伏神			變卦	後六親
上爻	玄	父	\	卯						
五爻	白	兄	\	巳						
			世							
四爻	蛇	子	\\	未		酉	財	空		
三爻	勾	兄	\\	午		亥	官			
二爻	朱	子	\	辰	身					
			應							
初爻	龍	父	\\	寅						

註：卦象分析討論，純屬學術研究，只作參考用途，不構成投資
買賣建議。

〔卦象分析及推斷〕:一週走勢分析

=================================

■ 世坐五爻,白虎兄爻,不利求財;月建來合,「申巳」合刑,化水官爻,大市暗藏禍根。

■ 應位子爻辰土,卻被日辰「戌土」沖破,本週恆指走勢,無法持續向上,必定倒頭下滑。

■ 再看財爻,既空且化了長生,整體交投偏軟。

■ 總括而言,大戶炒家趁高位出貨,本週大市走勢,較為波動反覆,投資者不應妄動,需要看清形勢,否則,易招損失。

每日分析：

日期：8月22日（星期一）

預測：子水沖掉午火，官出伏，亥水沖散世「申巳合」，炒家出招，市場波動偏軟。

丙子日收市：

收報:22944 點

上升:7 點

成交:677 億元

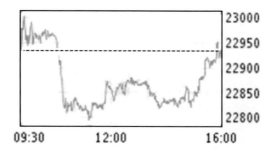

開市：22941點

最高：23005點

最低：22792點

波幅：213點

日期：8月23日（星期二）

預測：丑土沖子爻，有資金入市，恆指受托。

丁丑日收市：

收報:22998 點

上升:1 點

成交:607 億元

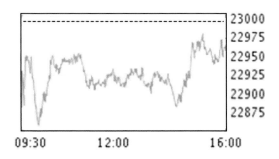

開市：22927點

最高：22998點

最低：22854點

波幅：144點

日期：8月24日（星期三）

預測：寅日生旺世位白虎兄爻，大市受阻失利，恆指下跌。

戊寅日收市：

收報:22820 點

下跌:178 點

成交:619 億元

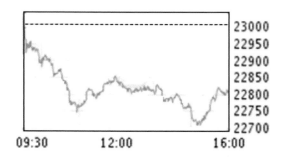

開市：23010點

最高：23036點

最低：22702點

波幅：334點

日期：8月25日（星期四）

預測：卯木生世白虎兄爻，大市仍然受制，走勢反覆，收升跌難料。

己卯日收市：

收報:22820 點

上升:6 點

成交:680 億元

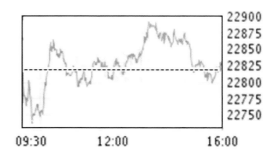

開市：22820點

最高：22814點

最低：22735點

波幅：79點

日期：8月26日（星期五）

預測：辰日與應爻同氣，子爻有力，大市反彈，恆指回升。

己卯日收市：

收報:22909 點

上升:94 點

成交:547 億元

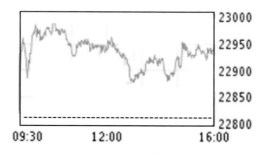

開市：22827點

最高：22997點

最低：22827點

波幅：170點

勾陳

實例〔42〕

西曆：	2016	年		9	月		3	日
陰曆：	丙	申	年	丁	酉	月	戊	子	日

占問：	占恆指一週走勢(2016年9月5-9日)

得卦：	水山蹇 (兌5) 化 地山謙 (兌6)

卦身：	酉		旬空：	午、未

卦爻	六獸	六親	卦象	飛神		伏神			變卦	後六親
上爻	朱	子	\\	子						
五爻	龍	父	O	戌					亥	子
四爻	玄	兄	\\	申						
			世							
三爻	白	兄	\	申						
二爻	蛇	官	\\	午	空	卯	財			
初爻	勾	父	\\	辰						
			應							

註：卦象分析討論，純屬學術研究，只作參考用途，不構成投資
　　買賣建議。

〔卦象分析及推斷〕：一週走勢分析

==================================

■ 世持玄武兄爻申金，月建來扶，炒家主導大市，本屬不佳，幸世、應、日辰三者成「申子辰」合局，化為子爻財根，熱錢流入，炒作消息。

■ 五爻重動，指出關鍵所在。青龍戌土父爻發動，化亥水子爻，不是呼應世爻情況嗎？炒家藉利好消息，已重臨股場，進行炒賣。

■ 既是消息市，卦身自然不上卦，恆指走勢，始終未有明顯方向；再者，二爻午火官爻旬空，遭日辰沖破，財爻得以出伏，出伏的財爻卯木，卻被月來沖，日來刑，令股民投資意欲大減，因此，整週交投，未見巨大增幅。

■ 總括而言，本週股市平穩，外資加入，推動股市，恆指走勢向上。

每日分析：

日期：9月5日（星期一）

預測：寅日合五爻化出的「亥水」子爻，外資流入，市場被看好，但波幅不大。

庚寅日收市：
收報:23649 點
上升:382 點
成交:769 億元

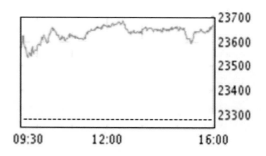

開市:23576點

最高:23688點

最低:23530點

波幅：46點

日期：9月6日（星期二）

預測：卯日跟出伏卯財同氣，反來尅世，正是財來尅世，散戶入市，交投暢旺。

辛卯日收市：

收報:23787 點

上升:138 點

成交:756 億元

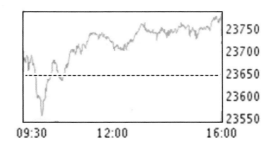

開市:23683點

最高:23787點

最低:23548點

波幅：239點

日期：9月7日（星期三）

預測：應爻值日，生旺世申金兄爻，兄旺市弱，大市回軟向下。

王辰日收市：

收報:23741 點

下跌：45 點

成交:796 億元

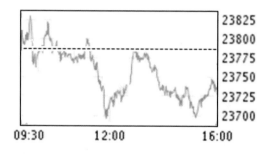

開市:23785點

最高:23830點

最低:23695點

波幅：135點

日期：9月8日（星期四）

預測：巳日沖「亥水」子爻，大戶炒作，推高大市。

癸巳日收市：
收報:23919 點
上升: 177 點
成交:772 億元

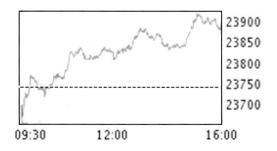

開市:23704點

最高:23928點

最低:23663點

波幅：265點

日期：9月9日（星期五）

預測：午日填實官爻，並尅世，兄爻受尅，阻力大減，大市走勢可向上。

甲午日收市：
收報:24099 點
上升:180 點
成交:1,168 億

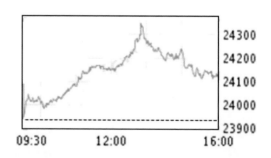

開市：23924點
最高：24364點
最低：23914點
波幅：450點

騰蛇

實例〔43〕

西曆：		2016	年		10	月		30	日
陰曆：	丙	申	年	戊	戌	月	乙	酉	日
占問：	占恆指一週走勢(10月31-11月4日)								
得卦：	地山謙 (兌6) 化 水火既濟 (坎4)								
卦身：	戌			旬空：		午、未			

卦爻	六獸	六親	卦象	飛神		伏神		變卦	後六親
上爻	玄	兄	\\	酉					
五爻	白	子	X	亥				戌	官 身
		世							
四爻	蛇	父	\\	丑					
三爻	勾	兄	\	申					
二爻	朱	官	\\	午	空	卯	財		
		應							
初爻	龍	父	X	辰				卯	子

註：卦象分析討論，純屬學術研究，只作參考用途，不構成投資
買賣建議。

〔卦象分析及推斷〕：一週走勢分析

====================================

■ 世坐五爻，持白虎亥水子爻，化戌土官爻，是化進，與日辰成「酉戌相穿」，卦身所在，反映大戶打算沽空市場，借官方金融政策為藉口，製造驚恐。

■ 應位官爻午火旬空，不受伏神財爻卯木生旺，且受日辰酉金反剋，官方言論及措施，不被股民認同。

■ 初爻青龍父爻辰土，化子爻卯木，是為化退，市場或有好消息，企圖令市況靠穩，但化退，顯示消息的作用並不大。

■ 總括而言，本週大戶主導大市，或會製造急跌，及借官方政策為藉口，加上炒家乘機搵食，令恆指根基受損，散戶以觀望為主，未敢入市。

每日分析：

日期：10月31日（星期一）

預測：戊日增強卦身力量，或有官方政策流出，先升後跌。

庚寅日收市：
收報:22934 點
下跌:20 點
成交:619 億元

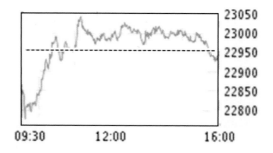

開市：22845點
最高：23045點
最低：22775點
波幅：270點

日期：11月1日（星期二）

預測：亥月亥日生旺卯木子爻，有急升可能。

丁亥日收市：
(交己亥月)
收報:23147 點
上升: 212 點
成交:656 億元

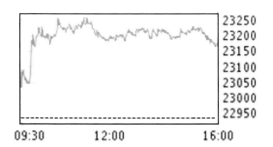

開市：23015點
最高：23268點
最低：23015點
波幅：253點

日期：11月2日（星期三）

預測：子日沖填實午火官爻，刑卯木子爻，市場觀望，恆指偏軟向下。

戊子日收市：
收報:22810 點
下跌： 336 點
成交:546 億元

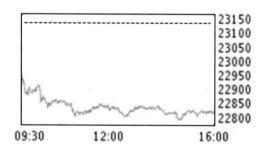

開市：22946點
最高：22956點
最低：22785點
波幅：171點

日期：11月3日（星期四）

預測：日辰丑土與卦身戌土相刑，大市上升後，再掉頭向下。

己丑日收市：

收報:22683 點

下跌: 126 點

成交:548 億元

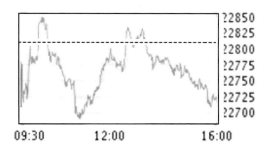

開市:22708點

最高:22855點

最低:22683點

波幅:172點

日期：11月4日（星期五）

預測：日辰寅木剋卦身官爻，扶初爻卯木子爻，恆指有反彈迹象。

庚寅日收市：

收報:22642 點

下跌： 40 點

成交:509 億元

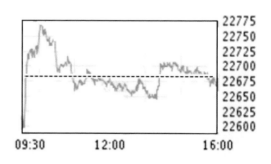

開市：22611點

最高：22771點

最低：22587點

波幅：184點

白虎

265

實例〔44〕

西曆：	2015		年		12	月		4	日
陰曆：	乙	未	年	丁	亥	月	甲	寅	日
占問：	占渣打集團(02888)走勢 [開卦股價: $66.55]								
得卦：	風地觀 (乾5) 化 坤為地 (坤1)								
卦身：	酉			旬空：		子、丑			

卦爻	六獸	六親	卦象	飛神		伏神			變卦	後六親	
上爻	玄	財	O	卯					酉	子	身
五爻	白	官	O	巳		申	兄		亥	財	
四爻	蛇	父	\\	未 世							
三爻	勾	財	\\	卯							
二爻	朱	官	\\	巳							
初爻	龍	父	\\	未 應		子	子	空			

註：卦象分析討論，純屬學術研究，只作參考用途，不構成投資
買賣建議。

分析及推斷：

■ 世持螣蛇父爻未土，日辰來尅，「渣打集團」正受到消息困擾，走勢持續偏軟。

■ 應伏著青龍「子未害」，令人感覺它前景不明朗，存在極大危機。

■ 五爻和上爻皆重動，巳化亥與卯化酉，雙雙成反吟局面，表示早前走勢反覆，被抽上推下，沒法站穩下來。

■ 卦身在酉金子爻上，本身實力仍在，只是市場氣氛不佳，無法轉向回升。

■ 此股走勢乏力，不宜短炒；若在低位吸納，作長線投資，是可以考慮的。

【實況】

　　2016年走勢偏軟，股價在港幣62至66元游走。12月30日最後一天股價為62.30元。

實例〔45〕

西曆：	2016		年		12	月		30	日
陰曆：	丙	申	年	辛	丑	月	丙	戌	日
占問：	占金融ETF走勢 [開卦股價：$23.25]								
得卦：	地澤臨 (坤3) 化 地雷復 (坤2)								
卦身：	丑			旬空：		午、未			

卦爻	六獸	六親	卦象	飛神		伏神		變卦	後六親
上爻	龍	子	\\	酉					
五爻	玄	財	\\ 應	亥					
四爻	白	兄	\\	丑	身				
三爻	蛇	兄	\\	丑	身				
二爻	勾	官	O 世	卯				寅	官
初爻	朱	父	\	巳					

註：卦象分析討論，純屬學術研究，只作參考用途，不構成投資
買賣建議。

分析及推斷：

■ 世持勾陳官爻卯木，失令於日月，又被間爻兩兄阻隔，應爻亥水，沒法生世，「金融ETF」走勢，難有寸進。

■ 在形勢不利之下，世爻重動化寅木官爻，卯化寅，是化退，走勢偏軟，幸好，化出寅木，回頭合應亥水，「寅亥合」是吉合，合即合著，表示它的走勢，處於徘徊狀態中。

■ 卦身兩現，去向未明。卦身落在兩兄爻上，白虎兄為大炒家，螣蛇兄為持續拖累，引伸「金融ETF」，被炒家把持拖累。

■ 按卦象，在短期內，它未能突破現狀；到未月，成「丑戌未」三刑，兄爻被瓦解，情況改變，才有反跌回升的機會。

【實況】：

　　由12月10日至12月30日，「金融ETF」走勢乏力，只能在窄幅中上落，徘徊於港幣23.5至23.25元之間。

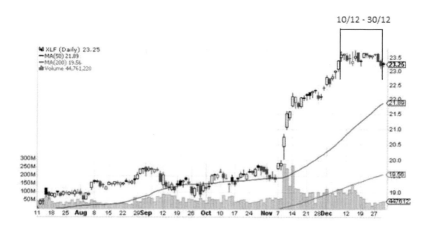

金融ETF走勢圖（2016年8月至12月）

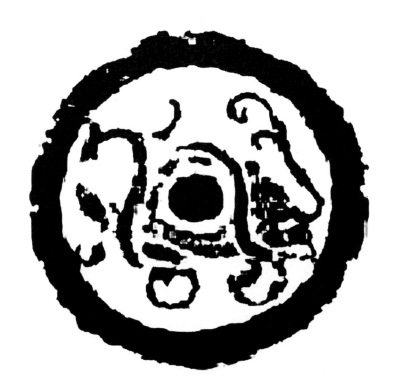

玄武

實例〔46〕

西曆：		2016	年		5	月		30	日
陰曆：	丙	申	年	癸	巳	月	壬	子	日
占問：	占DYNAMJAPAN(06889) [開卦：股價$11.92]								
得卦：	地水師 (坎8) 化 山澤損 (艮4)								
卦身：	申			旬空：	寅、卯				

卦爻	六獸	六親	卦象	飛神		伏神			變卦	後六親	
上爻	白	父	X	酉					寅	官	空
			應								
五爻	蛇	兄	\\	亥							
四爻	勾	官	\\	丑							
三爻	朱	財	\\	午							
			世								
二爻	龍	官	\	辰							
初爻	玄	子	X	寅	空				巳	父	

註：卦象分析討論，純屬學術研究，只作參考用途，不構成投資
　　買賣建議。

分析及推斷:

■ 世爻是「DYNAMJAPAN」,面對應位白虎父爻,酉金受尅受洩,對它雖無太大衝擊,但始終存在一種無形壓力,令它沒法前行。世爻午火,希望藉月建之助,日辰子水的衝擊力,發動「午酉破」的力量,解除白虎父爻威脅。

■ 真是你精他不笨,白虎父爻在酉月發動,對抗午火,並化寅木官爻,本可回頭生世,結局完美,可惜官爻旬空,有關政策,遲遲未得到落實,令它沒法受惠。

■ 入冬後,木得水生,寅木轉強,政策應被通過。算是填實官,白虎官爻與初爻結成「寅巳相害」,表示政策落實,並未為它帶來實質的好處。

■ 卦象透視,這隻股票前景,並不如一般投資者的期待,縱使政策落實而飆升,也只是曇花一現。此股只宜短炒,獲小利即走,才是明智之舉。

【實況】

　　日本「賭場法案」在眾議院通過後,市場憧憬在12月14日前通過參議院,消息流出,日本彈珠機股又被狂炒,令「DYNAMJAPAN」做好,曾漲6.6%,至13.86元高位,現仍升5%,至13.7元,成交逾1,100萬元。不久,它再次反覆回落,在2015年最後一天,收市價為港幣11.88元。

實例〔47〕

西曆：		2017	年		4	月		12	日
陰曆：	丁	酉	年	甲	辰	月	己	巳	日
占問：	占 國際商業結算 (00147) 走勢								
得卦：	火雷噬嗑 (巽6) 化 天山遯 (乾3)								
卦身：	戌			旬空：		戌、亥			

卦爻	六獸	六親	卦象	飛神		伏神		變卦	後六親
上爻	勾	子	\	巳					
五爻	朱	財	X	未				申	兄
			世						
四爻	龍	官	\	酉					
三爻	玄	財	X	辰				申	兄
二爻	白	兄	\\	寅					
			應						
初爻	蛇	父	O	子				辰	父

註：卦象分析討論，純屬學術研究，只作參考用途，不構成投資
買賣建議。

分析及推斷：

■ 世持朱雀財爻，月扶日生，開卦當天，受消息唱好，被受追捧，股價會被推高。

■ 不過，面對應位白虎寅木兄爻，升幅背後，暗藏回落的危機。

■ 世化申兄，與應和日辰，組成「寅巳申」三刑局面，主崩潰，升勢只是短，無力延續。

■ 此非優質股，若價位已到，算是平手，也應沽售。

【實況】

友人10年前買入此股，它一直在入貨價位下徘徊。2月14日，她傳來卦象，說價位接近入貨價，我稱此股走勢不妙，她在當天，在每股HK$1.75價位，全部沽售。2月15日，它已回落至HK$1.60。

實例〔48〕

西曆：		2017	年		2	月		24	日
陰曆：	丁	酉	年	壬	寅	月	壬	午	日

占問：	占 黎氏企業(2266) 走勢〔開卦：股價$2.84〕

得卦：	天山遯 (乾3) 化 水火既濟 (坎4)

卦身：	未		旬空：	申、酉	

卦爻	六獸	六親	卦象	飛神		伏神		變卦	後六親	
上爻	白	父	O	戌				子	兄	
五爻	蛇	兄	\	申	空					
			應							
四爻	勾	官	O	午				申	父	空
三爻	朱	兄	\	申	空					
二爻	龍	官	\\	午		寅	財			
			世							
初爻	玄	父	X	辰		子	子	卯	子	

註：卦象分析討論，純屬學術研究，只作參考用途，不構成投資
　　買賣建議。

分析及推斷：

■ 世坐二爻，持青龍官爻，午火值日，月建來生，黎氏企業的前景，備受看好。

■ 應位螣蛇兄爻旬空，既受日辰午火來尅，也被月建寅木來沖，本身已五勞七傷，無力作惡。

■ 縱使四爻官動化父，流言困擾；也受白虎父動化兄爻子水沖世，始終未造成太大影響。

■ 今年，這股走勢尚算平穩，波動還有，但不會出現股價大跌的情況。

【實況】

　　黎氏企業掛牌，招股$1.15，愈升愈有，現價$2.84，市場有獲利回吐跡象。

實例〔49〕

西曆：		2016	年		9	月		21	日
陰曆：	丙	申	年	丁	酉	月	丙	午	日
占問：	占 高富集團控股 (00263)〔供股價$0.25〕								
得卦：	火天大有 (乾8) 化 澤天夬 (坤6)								
卦身：	寅			旬空：		寅、卯			

卦爻	六獸	六親	卦象	飛神		伏神		變卦	後六親
上爻	龍	官	O 應	巳				未	兄
五爻	玄	父	X	未				酉	子
四爻	白	兄	\	酉					
三爻	蛇	父	\ 世	辰					
二爻	勾	財	\	寅	身空				
初爻	朱	子	\	子					

註：卦象分析討論，純屬學術研究，只作參考用途，不構成投資
　　買賣建議。

分析及推斷：

■ 世持螣蛇父爻辰土，日辰午火生旺，高富集團對供股一事，籌備多時。

■ 應爻重動，青龍官爻化未土兄爻，巳化未，是化進，回頭幫扶世爻，這一舉動，卻使股民感覺不好，有搵笨之嫌。

■ 五爻父爻交動，表示高富集團高層或高持分者，希望再度集資，穩固內部資金。化出的酉金子爻，想回頭合世，這個算盤，本應打得嚮的，不過，日辰午火無情，傷了酉金，便成了是一個帶傷痕的合、滴著血的合！

■ 在股民位置去看供股，當然要看用神財爻，勾陳財爻寅木，失於時令，又洩於日辰，兼且旬空。卦象顯示，供股是沒有太大得益，因此，不供為上策，應將手上資金，投資在其它股票或項目上，回報可能更佳。

【實況】
　　高富集團以HK$0.25供股。供股後，股價在$0.24-$0.278間游走。2017年4月25日，高富集團控股，收報0.265港元。

實例〔50〕

西曆：		2015	年		12	月		24	日
陰曆：	乙	未	年	戊	子	月	甲	戌	日
占問：	占 坪山茶業(364)〔開卦：股價$0.058〕								
得卦：	地風升(震5) 化 火水未濟(離4)								
卦身：	酉			旬空：	申、酉				

卦爻	六獸	六親	卦象	飛神		伏神			變卦	後六親	
上爻	玄	官	X	酉	身空				巳	兄	
五爻	白	父	\\	亥							
四爻	蛇	財	X 世	丑		午	子		酉	財	身空
三爻	勾	官	O	酉	身空				午	兄	
二爻	朱	父	\	亥		寅	兄				
初爻	龍	財	\\ 應	丑							

註：卦象分析討論，純屬學術研究，只作參考用途，不構成投資
　　買賣建議。

分析及推斷:

■ 世持螣蛇丑土財爻,驟眼看來,是一隻實力股,但仔細看清楚,不是那回事!世丑土被日辰『戌土』所刑,內部資金流轉,並不理想,而且,飛伏組成『丑午』相害,可以推斷,資金短缺,令公司面臨危機。

■ 世應同是丑土,同被日辰所刑,進財不易。面對危機,就要想辦法,所以世爻動化酉金財爻,將公司包裝,調整價格,吸引買家。

■ 世上下官爻發動,兩者同時化兄爻尅世酉金,兄主劫財,有大金融機構或財團大手入貨的意象,這刻,股價必被買家大幅壓低。卦中卦身三現,令股價盡失方向,而且局面十分混亂。

■ 本人愚見,此股不沾手為宜。

【實況】-〔開卦:股價$0.058〕
這股曾兩次大手成交:
2017年1月20日-9,324,000.00股,作價每股0.034港元。
2017年5月2日-2,500,000.00股,作價每股0.026港元。
現股價為$0.026港元。

後記

　　小弟並非富有人家，生活向來簡樸。自資出版這套「象數易」占卜系列，初期心情，十分忐忑。由於電子媒體急速發展，看書的人數逐年減少，市場萎縮很快。本人是出版門外漢，若貿然出書，便要面對銷售和資金的問題。假使售書不理想，沒法收回成本，在這情況下，以我個人財力，最多只能出版三本著作，便要止蝕收檔（俗稱「摺埋」）。

　　出版過程中，有一件事情令我記憶猶新，也令我體會到朋友之可貴！我不懂出版流程，為了節省成本，第一本《象數易入門及推斷技巧》是直接找印刷廠印刷的。完成之日，拿著書本去各大書局推銷，他們無不說「不」，說這是不合程序，不透過批發物流公司，不可能在書局售賣。這刻的我，晴天霹靂，也恍然大悟！我失去方向，看著眼前一箱箱的書本，真是不知所措！

　　此際，友人陳小姐和梁先生出手幫助，先後拿了我這本書到上海印書館、森記書局、星易圖書、陳湘記書局、陳永泰風水命理文化中心等地方推銷，給他們說服，答應寄售。意想不到，透過各術數書店賣書，銷售比預期還好；另一方面，本人嘗試聯絡台灣進源書局、育林出版社及星僑網路書店，他們都十分支持，落單訂購。自始，書本銷售理想，我也鬆了一口氣。

　　自2013年起，出版一本接一本，今期之「財股兩望」是第五本。由上一本《增刪卜易之六爻古今分析》開始，心一堂負責一切出版事宜，使本人可專心著作和教學兩方面。

　　僥倖的是，數年下來，這系列叢書，得到讀者的正面評價，令人十分雀躍！本人十多年來的研習心血，總算沒有白費。一件事的成功，非憑一己之力，必然有著一群無名英雄，在背後默默的幫忙和鼓勵！在這裡，我衷心多謝李麗梨小姐、林佩媚女士、Catmail、譚潔宜女士、甘佩琪小姐和CKLuk，一直無條件的支持和推動。沒有他們的協助，或許我沒法取得今天的成績。願一切成果，與他們共同分享！

愚人著作：

1. 《象數易入門及推斷技巧》

2. 《象數易之姻緣與婚姻》

3. 《象數易六爻透視-職場顯玄機》

4. 《增刪卜易之六爻古今分析》

5. 《象數易六爻透視-財股兩望》

西曆：			年		月		日	
陰曆：			年		月		日	
占問：								
得卦：								
卦身：				旬空：				

卦爻	六獸	六親	卦象	飛神		伏神		變卦	後六親
上爻									
五爻									
四爻									
三爻									
二爻									
初爻									

西曆：			年			月			日
陰曆：			年			月			日
占問：									
得卦：									
卦身：				旬空：					

卦爻	六獸	六親	卦象	飛神		伏神			變卦	後六親
上爻										
五爻										
四爻										
三爻										
二爻										
初爻										

西曆：			年		月			日	
陰曆：			年			月			日
占問：									
得卦：									
卦身：				旬空：					

卦爻	六獸	六親	卦象	飛神		伏神		變卦	後六親
上爻									
五爻									
四爻									
三爻									
二爻									
初爻									

堪輿類			
46	靈城精義箋	【清】沈竹礽	沈氏玄空遺珍 玄空風水必讀
47	地理辨正抉要	【清】沈竹礽	
48	《玄空古義四種通釋》《地理疑義答問》合刊	沈瓞民	
49	《沈氏玄空吹虀室雜存》《玄空捷訣》合刊	【民國】申聽禪	
50	漢鏡齋堪輿小識	【民國】查國珍、沈瓞民	
51	堪輿一覽	【清】孫竹田	失傳已久的無常派玄空經典
52	章仲山挨星秘訣（修定版）	【清】章仲山	章仲山無常派玄空珍秘
53	臨穴指南	【清】章仲山	門內秘本首次公開
54	章仲山宅案附無常派玄空秘要	心一堂編	沈竹礽等大師尋覓一生未得之珍本！
55	地理辨正補	【清】朱小鶴	玄空六派蘇州派代表作
56	陽宅覺元氏新書	【清】元祝垚	簡易·有效·神驗之玄空陽宅法
57	地學鐵骨秘 附 吳師青藏命理大易數	【民國】吳師青	釋玄空廣東派地學之秘
58-61	四秘全書十二種（清刻原本）	【清】尹一勺	玄空湘楚派經典本來面目 有別於錯誤極多的坊本
62	地理辨正補註 附 元空秘旨 天元五歌 玄空精髓 心法秘訣等數種合刊	【民國】胡仲言	貫通易理、巒頭、三元、三合、天星、中醫
63	地理辨正自解	【清】李思白	公開玄空家「分率尺、工部尺、量天尺」之秘
64	許氏地理辨正釋義	【民國】許錦灝	民國易學名家黃元炳力薦
65	地理辨正天玉經內傳要訣圖解	【清】程懷榮	秘訣一語道破，圖文并茂
66	謝氏地理書	【民國】謝復	玄空體用兼備，深入淺出
67	論山水元運易理斷驗、三元氣運說附紫白訣等五種合刊	【宋】吳景鸞等	失傳古本《玄空秘旨》《紫白訣》
68	星卦奧義圖訣	【清】施安仁	三元玄空門內秘笈 清鈔孤本 過去均為必須守秘不能公開秘密 與今天流行飛星法不同
69	三元地學秘傳	【清】何文源	
70	三元玄空挨星四十八局圖說	心一堂編	
71	三元挨星秘訣仙傳	心一堂編	
72	三元地理正傳	心一堂編	
73	三元天心正運	心一堂編	
74	元空紫白陽宅秘旨	心一堂編	
75	玄空挨星秘圖 附 堪輿指迷	心一堂編	
76	姚氏地理辨正圖說 附 地理九星并挨星真訣全圖 秘傳河圖精義等數種合刊	【清】姚文田等	蓮池心法 玄空六法 門內秘鈔本首次公開
77	元空法鑑批點本——附 法鑑口授訣要、秘傳玄空三鑑奧義匯鈔 合刊	【清】曾懷玉等	
78	元空法鑑心法	【清】曾懷玉等	
79	蔣徒傳天玉經補註	【清】項木林、曾懷玉	
80	地理學新義	【民國】俞仁宇撰	
81	地理辨正揭隱(足本) 附連城派秘鈔口訣	【民國】王邈達	揭開連城派風水之秘
82	趙連城傳地理秘訣附雪庵和尚字字金	【明】趙連城	
83	趙連城秘傳楊公地理真訣	【明】趙連城	
84	地理法門全書	仗溪子、芝罘子	巒頭風水，內容簡核、深入淺出
85	地理方外別傳	【清】熙齋上人	巒頭形勢，「望氣」「鑑神」
86	地理輯要	【清】余鵬	集地理經典之精要
87	地理秘珍	【清】錫九氏	巒頭、三合天星，圖文並茂
88	《羅經舉要》附《附三合天機秘訣》	【清】賈長吉	清鈔孤本羅經，三合訣法圖解
89-90	嚴陵張九儀增釋地理琢玉斧巒	【清】張九儀	清初三合風水名家張九儀經典清刻原本！

91	地學形勢摘要	心一堂編	形家秘鈔珍本
92	《平洋地理入門》《巒頭圖解》合刊	【清】盧崇台	平洋水法、形家秘本
93	《鑿水極玄經》《秘授水法》合刊	【唐】司馬頭陀、【清】鮑湘襟	千古之秘，不可妄傳匪人
94	平洋地理闡秘	心一堂編	雲間三元平洋形法秘鈔珍本
95	地經圖說	【清】余九皋	形勢理氣、精繪圖文
96	司馬頭陀地鉗	【唐】司馬頭陀	流傳極稀《地鉗》
97	欽天監地理醒世切要辨論	【清】欽天監	公開清代皇室御用風水真本
三式類			
98-99	大六壬尋源二種	【清】張純照	六壬入門、占課指南
100	六壬教科六壬鑰	【民國】蔣問天	由淺入深，首尾悉備
101	壬課總訣	心一堂編	
102	六壬秘斷	心一堂編	過去術家不外傳的珍稀六壬術秘鈔本
103	大六壬類闡	心一堂編	
104	六壬秘笈——韋千里占卜講義	【民國】韋千里	六壬入門必備
105	壬學述古	【民國】曹仁麟	依法占之，「無不神驗」
106	奇門揭要	心一堂編	集「法奇門」、「術奇門」精要
107	奇門行軍要略	【清】劉文瀾	條理清晰、簡明易用
108	奇門大宗直旨	劉毗	
109	奇門三奇干支神應	馮繼明	天下孤本　首次公開
110	奇門仙機	題【漢】張子房	虛白廬藏本《秘藏遁甲天機》
111	奇門心法秘纂	題【漢】韓信（淮陰侯）	奇門不傳之秘　應驗如神
112	奇門廬中闡秘	題【三國】諸葛武侯註	
選擇類			
113-114	儀度六壬選日要訣	【清】張九儀	清初三合風水名家張九儀擇日秘傳
115	天元選擇辨正	【清】一園主人	釋蔣大鴻天元選擇法
其他類			
116	述卜筮星相學	【民國】袁樹珊	民初二大命理家南袁北韋
117-120	中國歷代卜人傳	【民國】袁樹珊	南袁之術數經典

心一堂當代術數文庫

增刪卜易之六爻古今分析	愚人
象數易—六爻透視: 財股兩望	愚人
命理學教材（第一級）	段子昱
斗數詳批蔣介石	潘國森
潘國森斗數教程（一）：入門篇	潘國森
紫微斗數不再玄	犂民
七星術（正傳）—命理預測篇	黃煒祥
玄空風水心得（增訂版）（附流年催旺化煞秘訣）	李泗達
玄空風水心得（二）—沈氏玄空學研究心得（修訂版）附流年飛星佈局	李泗達
廖氏家傳玄命風水學（一）—基礎篇及玄關地命篇	廖民生
廖氏家傳玄命風水學（二）—玄空斗秘篇	廖民生
廖氏家傳玄命風水學(三)— 楊公鎮山訣篇 附 斷驗及調風水	廖民生
廖氏家傳玄命風水學（四）—秘訣篇：些子訣、兩元挨星、擇吉等	廖民生

心一堂術數古籍整理叢刊

全本校註增刪卜易	【清】野鶴老人	李凡丁（鼎升）校註
學君平卜易存驗 管公明十三篇 合刊	【明】佚名；【清】華日新	劉長海 校訂
紫微斗數捷覽（明刊孤本）附點校本	傳【宋】陳希夷	馮一、 心一堂術數古籍整理小組點校
紫微斗數全書古訣辨正	傳【宋】陳希夷	潘國森辨正
應天歌（修訂版）附格物至言	【宋】郭程撰	莊圓整理
壬竅	【清】無無野人小蘇郎逸	劉浩君校訂
奇門祕覈（臺藏本）	【元】佚名	李鏘濤、鄭同校訂
臨穴指南選註	【清】章仲山原著	梁國誠選註
皇極經世真詮—國運與世運	【宋】邵雍	李光浦